产品思维

从新手到资深产品人

刘飞 / 著

中信出版集团 | 北京

图书在版编目（CIP）数据

产品思维 / 刘飞著 .-- 北京：中信出版社，2019.6（2025.6 重印）
ISBN 978-7-5217-0350-4

I. ①产… II. ①刘… III. ①产品设计 IV. ① F272

中国版本图书馆 CIP 数据核字（2019）第 060700 号

产品思维
著者：　刘飞
出版发行：中信出版集团股份有限公司
（北京市朝阳区东三环北路 27 号嘉铭中心　邮编　100020）
承印者：　北京通州皇家印刷厂

开本：880mm × 1230mm 1/32　印张：8　字数：150 千字
版次：2019 年 6 月第 1 版　印次：2025 年 6 月第21次印刷
书号：ISBN 978-7-5217-0350-4
定价：59.80 元

服务热线：400-600-8099
投稿邮箱：author@citicpub.com

谨以此书献给我的父母

目　录

第一部分
认知用户

产品经理和创业者的存在价值是洞察商业规律、市场机会背后的用户诉求和用户心理，这要求我们对用户有足够深的认知。这种认知是动态的、深入的、差异的。认知用户的基础是用户画像，之后通过用户场景和用户心智对用户决策判断进行约束，最终才能找到用户的真正需求。

第二部分

创造价值

对用户充分认知之后，就进入了创造价值阶段。只有帮到用户，或让用户认为自己被帮助了，才能创造价值，创造好的体验。是否能够帮助用户解决问题，是衡量用户价值、产品价值和产品体验的标准。

第三部分
产品落地

认知用户等于对外界的认知，而创造价值则是内外间的交互。当充分认知外界后，就能较清晰地理解需要创造的价值。接下来，便是对内的理解——什么样的产品能创造预想的价值。从创意到实现，除了足够的认知，还包括供给侧能力和迭代思维两个核心逻辑。结合贯穿整个产品生命周期的“科学思维”，这就是需要产品人熟悉和掌握的三项核心思维。

推荐序一

产品思维使人做出高质量的决策

滴滴出行产品委员会副主席

Anya

刚开始做产品经理的时候，没看过几本专业书籍，独一本《点石成金》让我对产品经理的核心能力有了一点抽象的认识。好在当时腾讯的产品经理文化对初学者很友好，“一切以用户价值为依归”的价值观，落地下来就是从用户中来，到用户中去。还有一些对产品经理的硬性要求，比如定期阅读一定的用户反馈并部分回复，当面访谈几个用户，了解他们在实际使用产品时发现的问题。当时流行一种衡量产品经理核心能力的方法——你能多长时间“变成”用户，即能真正无我，体会用户在那个场景下的所思、所想、所需。我记得纪录应该是马化腾创造的——5 秒钟。那个阶段，我认为好的产品经理应该是无我的，能够同理“用户”，设身处地地站在“用户”的角度想问题。产品经理同理的用户究竟是谁？引用俞军老师对“用户”的定义：用户不是人，是人的某一类需求，是在特定场景下的需求，区分用户的维度是千变万化的。从这个定义看，同理的是一个个特定场景下的需求。产品经理要多在不同场景下用自己的产品，也是为了积累案例库，未来在遇到一个场景的产品决策时，大脑会搜索曾经遇到的类似场景，能够更快地“变成”用户，做出更准确的决策。这么推演，就能明白“你能多长时间变成用户”其实是看谁能更好地掌握用户模型。

初来滴滴的一段时间，我有点阶段性“不适应”。一方面，产品变了，用户模型差别很大，需要从头学习、建立。另一方面，用户也变多了，之前的产品用户就是用户，只要了解用户有什么需求，想办法满足，创造用户价值就行了，而滴滴的用户包括乘客和司机，除了要在各种场景下想办法促成交易，创造用户价值，还要想如何进行价值分配。因为同时让双方都达到各自最满意是不可能的，需要设计如何在司乘之间分配创造出来的产品价值。在这样一个交易型产品中，产品经理主要在创造和分配用户价值。用户价值是在每一次交易中创造出来的，因为每一次交易的达成都是双方的一次选择决策，选择当前更有利于自身的决策，而如何分配是要综合供需环境等多重因素的权衡取舍。这段产品经历让我明白好的产品经理不仅要有同理心，懂心理学，掌握用户模型，也要会设计交易，懂经济学，明白如何在交易中实现价值创造和价值分配。俞军老师把产品经理的进阶概括为两个阶段：掌握用户模型和掌握交易模型，并把它们比喻为产品经理的本科毕业标准和硕士研究生毕业标准。

刘飞的这本书主要面向产品新人和想了解用户的创业者，讲述如何了解用户，做出更高质量的产品决策。全书分为三个部分：第一部分“认知用户”讲述如何了解用户，即建立用户模型；第二部分“创造价值”核心讲述在了解用户模型的基础上，如何在一次产品决策中判断有没有创造用户价值，以及用户价值和产品价值的关系；第三部分“产品落地”则讲述了一些快速验证的方法。

产品经理的核心能力是能够综合所有要素做出高质量的决策判断，同时产品经理又是典型的实践型学科，所有的方法以及理论认知的升级都是帮助提升产品决策的准确度。实践之前，所有的判断都是假设，需要在实践中验证。

推荐序二

用产品思维，以最小成本创造最大价值

豆瓣商业产品负责人、电商事业部总经理

王彪

几年前，我在小米公司任产品经理。那时候，我下班很晚，经常工作到凌晨才回家。睡一觉，起来洗漱一下，我接着去公司，不觉得累，恨不得周末也长在公司。现在想起来，我总是沉浸于各种产品方案：坐地铁的时候，我会想这个出站口设计得不合理，它可以设计成那个样子；几个同事经常帮忙带盒饭，久而久之，我就想设计一套类似比特币的虚拟积分系统，保持公平，并激励大家。我在产品岗位的工作习惯，不知不觉内化成了一种考虑问题的思维方式。

近几年，互联网的变化特别大，从线上的社交、内容到线下的打车、外卖，再到线上线下融合的新零售，消费互联网之后的产业互联网，一波又一波，不断改变我们的生活。

在这期间，产品的形式在变，产品经理的工作内容也不断更新。

然而，对于一家互联网公司，产品在整个业务中的角色并没有发生变化。

以前，产品经理做一个网站，会研究用户的需求，分析他们想要什么，想看什么，什么样的产品方案能够更好地满足他们。这个网站既是用户的体验场所，也是整家公司赢利的场所。今天，这一点也没变。不论是滴滴出行，还是外卖平台，即使有海量的用户和几百万服务者，各方诉求交织在一起，它们依然既是用户的体验场所，也是整家公司赢利的场所。

所以，产品扮演的这两个角色，要求产品设计者从公司和用户的整体诉求的角度思考问题。

什么是从公司和用户的整体诉求的角度思考问题呢？说白了，就是用最小的成本创造最大的价值。

如何用最小的成本创造最大的价值呢？就是得懂你的用户，洞察用户的核心需求，把好钢用在刀刃上。

什么是 MVP（最小可行产品）？就是说，如果你真的判断不了，没关系。面对未知，你不要闭上眼睛赌，可以扔个石子探探路。如果这个石子太小，你听不见声响，如果太大，是种浪费，石子不大不小，则刚刚好，这就是最小可行产品。

为什么要小步快跑，快速迭代呢？因为错的次数多，对的次数少，步子太大怕掉进坑里。只能一个一个 MVP 试试看，对了就留下来，错了就删掉，算是“摸着石头过河”。

为什么说产品价值 =（新体验 - 旧体验）- 迁移成本？就是说，

你要挖别人的墙脚，不是比“她”的现任表现更好就完事了，而要让体验的差别足够大，大到“她”愿意为了你，舍弃跟“他”的过往（用户数据），跟好朋友重新解释（邀请好友一起迁移），下决心开始跟你磨合（适应新平台）。你不仅要考虑自己花了多少成本，创造了多少价值，也要从用户的角度考虑，“她”的成本和收益分别是什么。

诸如此类，便是纷繁复杂的各类产品背后一些共通的东西，一种产品人的思维方式。

有一段时间，很多企业的首席执行官都喜欢自称为公司的首席产品经理。这是因为很多互联网公司是以产品为导向的，公司之间的竞争便是产品之间的竞争，公司的成功需要依靠产品经理的思维。中国互联网的发展，更是让很多产品经理的名字变得尽人皆知。我们今天提到的很多产品思维，都是这些前辈在一线的贴身肉搏中总结出来的经验。比如上面提到的“小步快跑，快速迭代”，来自小米早期 MIUI 每周更新的做法；产品价值公式是传奇产品经理俞军的思考结晶。

时代在变，互联网的领域在变，用户的需求在变，但是产品人上下求索，打造优秀产品的精神没变，分享产品思维的热情没变。这本书的作者刘飞，从锤子的产品经理，到美甲师的运营，外卖员的运营，滴滴司机的运营，经历过很多产品的起伏，现在又加入了俞军的团队，不同视角的切换和时间的沉淀，让他对产品的理解更立体。在这本书中，刘飞对于产品前辈的思维方式提出了自己的理解，既有理论的解释，也有案例分析，“我和老张的讨论”“小作业”这种有趣的形式，能够让人从实际应用的角度理解这些经典的产品思维。

经典之所以成为经典，是因为它们经过了时间的洗礼和沉淀。我相信，在未来，还会有更多优秀的产品人总结出下一个互联网时代的新思维。祝愿大家都能有机会成为下一个时代的新产品思维布道者。

自　序

新人迫切需要却难以获取的产品思维

时光匆匆，距我的上本书《从点子到产品》完成过去了两年半的时间。在《从点子到产品》里，我讲的都是产品经理基本的工作方法论，从怎么分析需求到怎么写文档通俗地做了一遍论述。坦白说，在两年半的时间里能获得的增量经验显然不能支撑一本讲述进阶方法论的新书，因此如你所见，我的这本新书只集中关注产品思维这一对产品经理和互联网创业者来说最重要的话题。

《从点子到产品》当然也覆盖了如何认知用户、判断价值以及培养产品思维，只是没有展开，相对而言，内容深度就会略浅一些。出版之后，不少朋友在网上或私下找我的密集讨论都集中在用户需求和产品价值上。这让我意识到，在产品经理职业日渐成熟的今天，其余的产品经理工作技能都容易习得，而产品思维延伸出的思考技能、认知方法、科学观念等，成为新人更迫切需要却很难在公开渠道获取的知识。

对于产品经理来说，或者对于培养产品思维最重要的，是做好的项目并加入好的团队。幸运的是，我能够有机会在近几年最主要的线上线下结合的两大业务（外卖、出行）中学习和总结。比起刚毕业做手机软件，或者自己创业，这三年的项目经历让我感觉如获至宝，像在一个广阔的试验场中，体会自己的用户和产品方法论，有机会快速迭代，并且马上得到验证。我身边的同事，大都是经过考验的行业专家，我可以借鉴他们的思考成果，学习他们的工作方法。能够跟优秀的人共事，至少可以让你的成长增速三倍。

因此回头来看，本书的内容，也是站在不少巨人的肩膀上，做的一些微小的工作。不管是过去的经济学大师，还是互联网行业的实干家，都对我理解和总结产品思维提供了不少输入。能够成书，必须感谢他们。

产品设计是实践学科，产品思维也一定源于实践。实践的主体是人，于是在总结方法论时就免不了有主观成分，我呈现的也只是自己现阶段的思考。产品思维不会是一家之言，它受时空条件约束，没有人能总结出真理一样的经验。对于任何产品工作者来说，获取足够多的别人的知识和别人的经验，再就自己当下面临的境况做分析和拆解，总结出属于自己的产品思维，才是最有价值的。

希望本书能够帮你开个头。

前　言

产品思维的关键词及核心因素

产品思维的关键词：用户与迭代

有个说法是，只要能说出“需求”和“供给”这两个词，一只鹦鹉也能成为经济学家。这算是种有趣的调侃：一方面点明了需求和供给是经济学最基础的概念，支撑和衍生了几乎所有与经济学相关的逻辑；另一方面也表明了，最简单的需求和供给的概念，要完全搞清楚其实并不容易。

类似地，我也一直认为，只要能说出“用户”和“迭代”这两个词，一只鹦鹉也能成为产品专家。这两个概念都是互联网从业者的老生常谈，可惜真的深入理解它们并且能够将它们运用到实践中的人，少之又少。

用户延伸出来的问题是，我们如何认知用户，以及如何为用户创造价值。我们要能够知道哪些是用户需要的、符合用户预期的，哪些是用户喜欢的、用户讨厌的，然后判断如何提供真正有价值的功能或者服务。

迭代延伸出来的问题是，我们要去尝试、检验和摸索，基于科学的方法和思维优化更新我们的产品。

用户的认知分两个层面，第一个层面是微观的。这包括用户画像、用户场景和用户心智。我们要说得出来用户是什么样的人，性别、年龄、籍贯、文化程度、生活和工作状况，等等。基于这些基础特征，再做进一步推断，他会遇到什么样的场景，以及在这个场景下，他会如何考虑问题。

第二个层面是宏观的，需要对用户群体进行拆解分层。大多数产品都可以从各种不同维度区分用户：对于社交产品来说，有流量用户和付费用户；对于电商产品来说，有喜爱游戏和二次元的宅男用户，以及喜爱健身和运动的男性用户。从产品的生命周期来看，用户也是可以拆分的，同一个用户会经历接触产品、注册产品、新手、老用户、流失等不同的阶段，在不同的阶段，他们的产品需求和预期都是有天壤之别的。

当我们能从不同的维度拆分出不同的用户后，我们可以做一些基本的评判，例如，哪些用户是我们的核心用户，以及他们的需求是什么。接下来，我们就可以有针对性地关注用户价值。

用户价值是用户的主观感受，是用户认为产品或服务能否解决问题的主观想法。我们不仅要创造逻辑上能够帮助用户解决问题的产品和服务，还要确保用户了解和认可我们的产品和服务的价值。

从用户视角看到的用户价值，从产品设计的视角看，是不同的，这就引出了产品价值。需要关注的第一个问题是，用户价值的存在并不等于产品价值就存在，这可以用俞军老师的价值公式来解释：产品价值 =（新价值 - 旧价值）- 迁移成本。另外，我们还要考虑个体价值与产品群体价值的关系，我经常使用这个公式：产品价值 = 平均创造的用户价值 × 覆盖的用户量。

在实现用户价值的过程中，我们要关注用户体验，用户体验并非只是炫酷的视觉效果，而是让用户使用体验的整体感受更好。用户体验最重要的事情在于做出分层，区分哪些是可用性，哪些是易用性，哪些又是用户的稳定性诉求。对用户不同程度的体验需求，我们要区分满足，而不是“事无巨细地进行极致体验”。正因为如此，超预期体验并非互联网产品必不可少的构成部分，要在具体情况下判断是否需要。

迭代是执行的概括，是认知用户和判断如何创造价值后的步骤。在产品执行中，核心是要有迭代思维与相较更基础的科学思维。

迭代思维的核心思想可以一言以蔽之：在实践中学习。如果只有用户思维而不考虑迭代思维，可能会陷入产品经理个人主义的设计思路。没有人天生就是产品决策专家，不可能做出永远正确的决策，因此我们大多数情况下依然需要具备对产品和用户的敬畏心，依赖大量的用户反馈和数据调研来做出更好的判断，持续优化产品。在优化产品的过程中，还可以借鉴成熟的科学方法去研究用户和产品，逐步总结出自己的方法论。

以上所述就是我理解的产品思维，本书基于这些内容展开。

互联网如何影响产品思维

如果把产品思维定义为研究用户，创造价值，以及迭代优化的理念，那么实际上它从人类文明出现商业之后就一直存在。我们可以看到身边使用的各种物品，绝大多数都是在人类文明中逐步进化而来的，它们都凝结了过去产品设计者的智慧，以及他们想帮助人们解决问题的思考。在《设计心理学 1：日常的设计》（唐纳德·诺曼著）一书中，作者提到我们在生活中会接触两万多种发明物品，它们已经润物细无声地融入我们的生活，且经过时间的洗礼，比起最初的形态有了不少变化。

为什么在互联网时代，产品思维被更加频繁地提及呢？这涉及以下 4 个关键变化。

第一，产品触达成本骤降。

传统行业的产品要触达用户，成本是非常高的。例如王老吉这样的饮料消费品，货运和经销成本都很高。单说货运成本，在一、二线城市还好，但要想让许多四、五线的县城、乡镇甚至村落的人能喝上王老吉，就需要四通八达的运输线。如果货运基础设施比较差，比如路面根本无法行车，或者根本找不到合适的货运服务商，那就真的无能为力了。

所以，这种运输线作为一种基础设施，是王老吉这样的产品是否能送到用户手中的关键。在传统行业里，绝大多数产品，对基础设施的要求都比较高，商品的多样性会随着城市的发达程度降低而逐级降低。在偏僻的村子里，不会有知名品牌的专卖店，也很难买到多种多样的汽水饮料。

对于互联网产品来说，产品的触达也需要基础设施，不过相对来说就简单多了，只要有移动互联网和智能手机就够了。中国移动在 2017 年宣布 4 G 网络的国内人群覆盖率已达到 99 %，也就是说，这些人只要有手机，哪怕不是最新款的、最高级的，也能从网络上随意获取互联网产品。

这是互联网产品与传统行业产品最重要的区别之一，会将大量的纯线上互联网产品的触达成本降至最低，甚至归零。2018 年初，突然风靡中国的游戏产品《旅行青蛙》，是日本的一个小型游戏工作室制作的。它原本对中国市场没有什么预期，甚至这个游戏在中国火爆了相当长一段时间后也没有发布中文版，但由于产品本身对中国用户的吸引力，以及触达用户的成本极低，这款游戏在中国的下载量（截至 2018 年 2 月）占所有下载量的 95 %。

我们可以想象《旅行青蛙》这样的产品是几个外国小伙子在车库里用便宜的电脑做出来的，但我们无法想象王老吉也是几个外国小伙子在车库里研制生产的。哪怕生产出来，想要让几千万人喝到，也不是短短几个月甚至短短几年能做到的。

产品触达边际成本骤降的价值就是给用户思维提供了一片广袤

的土壤，让真正了解用户的产品、体现用户价值的产品能够在竞争环境中脱颖而出。“是金子总会发光的”这句话描述互联网产品更合适。在《定位》和过去的许多品牌营销的理念中，除了用户心智，自然也会强调产品价值，但在过去用户心智的影响会远大于产品本身的品质的意义。产品实体触达的成本降低就是让产品本身的价值重新成为品牌成功的核心因子，由于触达成本降低了，用户横向对比的成本也降低了。

这同时给企业带来了一个附加价值，就是基于社会化的营销的成本相对于传统营销降低了。许多互联网从业者会把社会化营销的传播形式称为“自传播”，这种传播形式的特点是，在大多数情况下，第一次反射之后，再次的反射和发光，边际成本几乎为零，这也是口碑传播相对于传统的阅读广告和点击广告的优势所在，也是互联网带来的新价值。这同样可以用《旅行青蛙》作为佐证。它是日本一个小工作室的产品，在中国没有花过一毛钱的营销成本，仅凭着大量的好评、用户的口口相传，就占据下载排行榜的头把交椅，引起了国内广泛的关注。在这中间，有恶搞的图片和动画，有详细技术流的攻略和教程，有从文化角度的解构和分析……这些基于游戏的二次创作，都成为它自传播的燃料。

第二，认知用户质的飞跃。

同样是做商场，淘宝跟沃尔玛比，对用户的认知程度是一样的吗？同样是做社交工具，微信和电话比，对用户的认知程度是一样的吗？在用户行为可以翔实地记录在产品中之后，对用户的认知能力已经发生翻天覆地的改变。作为电商平台，不仅可以知道用户购买了哪些东西，还可以知道用户看了哪些东西，关注了哪些东西，有哪些是反复看了但没买的，有哪些是反复买了看都不看的…… 这些代表的都是用户真实的想法。在传统行业，这些信息是绝对无法获取的。

大数据的概念被热炒了很多年，其实它最大的价值就是作为认知用户的手段。从数量上说，但凡是使用过产品的用户，他的行为数据我们就可以获取。理论上讲，我们可以有全量的用户数据。全量的用户数据，在传统行业还在用样本调研来证明某些课题的时代，是不可想象的。从质量上说，用户调研和访谈的真实程度，跟用户行为数据相比，不言自明。从时效上说，用户的数据能够即时快速获取。因此，大数据意味着我们可以在数量、质量和时效上，都碾轧式地优于过去像调查问卷、咨询分析报告那样的认知用户的方式。

第三，个性化体验成为可能。

对于用户来说，过去的产品往往都是标准化的产品。可口可乐没有办法为每个用户定制不同糖分、碳酸度和热量的饮料，只能提供相对普遍的几类产品来满足大众的需求。

不过由于互联网产品的特性，原则上我们可以为每个用户提供完全不同的产品体验。推荐算法及配套的推荐功能的出现是一次大变革。如今，我们掏出手机打开淘宝，看到的首页、出现在你面前的每幅海报和商品，都是为我们每个人准备的，不存在完全相同的另一个首页。今日头条、抖音等内容产品更是如此，每篇文章的推送都是基于个人的喜好和需求。

在这样的新变化下，我们做产品就有了更高的要求：了解不同用户的需求并做进一步抽象，让不同用户的不同需求都尽可能用个性化的方式得到满足。

第四，生产方式彻底改变。

生产方式的改变主要源于生产成本的降低。

传统产品的承载形态是实体，因此存在巨大的成本。我曾经在手机公司工作过，也接触过许多硬件公司，深刻感受过硬件设计生产的成本之高。而互联网产品的载体则变成了网页（电脑和手机）、App（应用程序）以及小程序。前面也提到了，支撑这些产品形态运作的基础设施，是几乎人手一部的智能手机和无处不在、日渐便宜的移动网络。除了触达成本降低了，它们的制作成本和维护成本也大幅降低了。

成本降低的结果就是，快速迭代成为可能。

互联网产品能够获取到更有时效性、更真实、更全面的用户大数据。企业通过它们产生一些洞见，就可以快速生产一版更符合用户需求的新产品，快速提供给用户。

2017 年底，两类产品的出现颠覆了我对产品生产迭代速度的认知。一类是“吃鸡”游戏。在“吃鸡”风靡全球后，国内主要的手机游戏厂商快速跟进，从设计到研发，有的仅仅半个月就迅速上线，快速抢占市场。另一类是直播答题类产品，在《冲顶大会》出现后仅一个多星期，几乎所有的直播产品也都上线了答题功能，功能和内容的健全程度令人震惊。这种新的打法，在传统行业中是根本无法实现的。

总的来说，这四个关键因素使产品思维的价值在如今的时代有了质的变化。只要你所在的公司正在经历这些因素的影响，那么产品思维就迟早会成为你必须掌握的能力。

认知

第一部分

用户

用户是一切产品的源头

用户是什么样的人？这是本书讨论的话题的源头。其实道理一直很简单，既然我们做的是产品，既然秉承的是所谓的产品思维，那么谁会用我们的产品，怎么用我们的产品，就代表了我们的产品会做成什么样子。如果没有按照用户的意愿去做产品，能不能成功？概率上肯定是可以的，但没有人希望自己的产品是靠运气成功吧？

可惜的是，在笔者多年的面试经历中，遇到的产品经理求职者，少说也有一半，夸张点说可能有 3/4 的人，根本不知道自己的用户是谁，说不出他们的特征。他们称不上具有用户思维，的确都是按照惯性来做产品迭代，只是所幸他们所在的公司已经具备用户规模，已经有了价值存在，在这个基础上，对螺丝钉来说只负责运转良好就可以，不必强求对用户有多么突出的洞察。

许多人会说自己也了解用户，知道用户是谁或者在哪里，不过聊了几句之后便发现，他们对于用户的认知非常粗浅，这种粗浅的认知其实对判断产品用途不大。

用户不是理性人

记得初中时学习物理，我们总假设研究对象是一个质点，没有任何形状和体积，这样能够方便我们做物理分析。可是现实的物理世界则是纷繁复杂的，要进行计算，考虑的外部因素太多了。

同样，传统经济学总是假设人都是理性人，都是一个个没有任何情感和特殊诉求的理性个体，这样让市场分析、商业分析变得简单、可量化。可现实的经济社会复杂得多，每个人都有不同的心理状态，也有不同的社会场景，结果就是许多基于理性人的经济分析常常失效。近几年的诺贝尔经济学奖频繁颁给行为经济学家或者心理学家，预示对人的心理的认知已成为经济分析的一部分。

如果用户也是简单的理性人会怎么样？我们可能只需要做简单的数据分析就可以了，看大家的问题在哪里，所有的流程体验都用标准化的方法去解决，不用考虑个体的认知。

而现实世界是物理世界和人的心理世界的组合，我们不能不考虑每个人的认知，并且想办法抽象出社会因素和心理因素的影响。产品经理和创业者的存在价值，不仅是洞察商业规律，洞察市场机会，更重要的是洞察这背后的用户诉求和用户心理。这要求我们对用户有足够深的认知，这种认知不是静态的、表面的、平庸的，而是动态的、深入的、个性的。

不敢说对用户有足够的认知，就一定可以做出成功的产品，但不了解用户，是一定不会做出成功的产品的。

如何认知用户

认知用户的基础，当然是众所周知的用户画像。我们要先通过对用户的微观描述具备初步的认知，然后从宏观层面去观察用户群体，看看他们有哪些共同特征，能够如何抽象。

接下来，要关注的就是两个重要的约束条件，即用户场景和用户心智，也就是外部环境如何影响用户做决策，他们内心的想法又会如何影响决策。

最后，我们会回到用户需求，讲述基于以上认知，在判断用户需求时还需要注意的一些问题。

第一章　用户画像的正确打开方式

什么是错误的用户描述？我们先看以下几个描述：

- 我做的是校园金融产品，这个产品提供分期付款服务，我的用户是所有已成年的大学生；
- 我做的是 ×× 手机系统里的便笺工具，我的用户就是用 ×× 手机系统的人；
- 我做的是国民级的产品，我的用户不分男女老少，中国人民都是我的用户；
- 我做的是 VR（虚拟现实）眼镜的 RPG（角色扮演游戏），我的用户还不存在，我要发掘我的用户；
- 我做的是微信小游戏，特别简单易操作，谁都能成为我的用户。

乍一听，它们似乎都没有什么问题，许多创业者和产品经理也一直用这种思路理解用户，但实际上，它们都是错的。

校园金融产品面向的用户真的是所有成年的大学生吗？如果这个大学生家庭富足，根本不需要分期付款呢？如果这个大学生特别节约，也没有消费欲呢？最终使用这个产品的大学生，会产生分期付款的需求，一定会自带一些特征。

根据手机系统的用户来做系统内的便笺工具这没有问题，但并不是所有使用该手机系统的用户都是便笺工具的用户。比如老年人，都已经退休了，每天就是出门遛遛鸟，回家看看剧，让他们用便笺做什么？或者那些有更多样的记录需求的商务人士，是不是已经有更强大的记录工具了，并不需要一个简单的标签？那么到底谁会使用系统便笺？

国民级的产品覆盖的用户非常广，不过依然可以抽象出共同特征。他们至少都有智能手机，也有移动网络。作为中国人，他们有一些共同的心理认同，也有很多忌讳。如果完全把用户当作数字，反而不可能做出国民级的产品。QQ 和淘宝当年大胜 MSN 和 eBay（亿贝），靠的就是对国内用户的认知，要没有这些认知，是不可能在本土化上有那么多经典举措的。

以 VR 眼镜为载体的 RPG 也许的确是很新潮的游戏，之前没出现过，但是没有一个产品的用户是凭空出现的，你希望什么样的人成为你的用户？是青少年，还是成年人？是过去个人电脑游戏的玩家，还是主机游戏的玩家？对这些没有认知，就会变成我之前提到的用侥幸心理做产品，碰运气，看能不能碰到用户。

同理，微信小游戏也许很简单，可以老少咸宜，但是许多细节设计依然要考虑用户的认知情况。他们是不是能搞懂游戏里的文案？是不是能知道操作的含义？当你需要分享功能来扩大游戏的传播时，你的用户是否有足够多的朋友或者社交关系来提供传播渠道？

这些认知用户的描述都是有问题的，我们都应该知道我们的用户到底是谁、究竟在哪里。这个“到底是谁”“究竟在哪里”，其实就是用户画像想要解答的问题。

什么是好的用户画像

什么才是好的用户画像？

我们先看看下面这些单个典型用户的画像是不是好的用户画像。

- 美甲用户：女，31 岁，北京人，服装店老板。
- 外卖用户：男，24 岁，福建人，互联网公司工程师。
- 滴滴用户：男，54 岁，河北人，滴滴快车司机。

已经有了基本的性别、年龄、籍贯和职业，是否就能描绘我们的用户呢？不能否认，的确能有一些简单的概念，大概知道每种用户的典型特征，但这些特征是保留在数据层面的，根本没办法有感性的认知。

例如，我们要开展上门美甲业务了，面向的美甲用户的典型代表就是这个服装店老板，但我们想象不出，她的收入怎么样，对美甲的要求高不高，对智能手机的熟悉程度如何，居住环境和工作环境怎么样，是否适合做美甲，等等。

所以这个所谓的用户画像充其量只能够帮我们定位到这个人，未必能帮我们解决真正的用户认知问题。

我们再来聊几个典型的用户。

第一个是媒体公司的白领小慧，女生，25 岁，老家是河北，来上海读书，本科毕业后工作。毕业刚几年，还是单身，不过朋友挺多的，大都是以前的同学。有了一定的收入，对生活品质也有了一些要求，刚搬到一居室的新家，房租不便宜，占工资的一多半，还自己做了很多装饰，买了很多小家具。平时的工作朝九晚五，晚上回家会看美剧。周末跟朋友出去逛街，吃东西，偶尔会去酒吧。喜欢用黄油相机和美图秀秀来拍照，修图，也会用 keep（自由运动场）和 Instagram（照片墙）来发健身和吃东西的照片。购物基本都是在淘宝和京东，比较擅长研究各种信用卡和优惠券的使用技巧。

说完这些，是不是跟“河北人，25 岁，白领”的感知完全不同？你甚至可以大致想象出一个穿着职业装，对形象十分在意，生活窘迫却充满活力的年轻女生站在面前了。

第二个是在杭州工作的小伙子李东，从浙江海边的农村来，23 岁，高中文凭。学历虽然不高，但是愿意折腾，在工地上搬过砖，当作餐厅服务员，做过保安，也摆摊做过生意。最近刚找了一份送外卖的工作，因为勤恳又机灵，当上了组长，接下来希望能争取当上公司在西湖区的主管。他跟老乡们住在比较偏远的郊区，群租房，平时没事儿就一起打牌，或者联机玩《王者荣耀》。许多吃穿用品都是从淘宝或者拼多多买的。

跟前面讲的白领相比，应该能够感觉到两人工作和生活的巨大差异。要是简单去讲都是 20 多岁的年轻人，我们根本感受不到这层差异。

第三个是下岗的大叔建设，北京人，中专文凭，48 岁，家里有刚读大学的女儿和开小服装店的老婆。原本是工人，工厂倒闭后就自己打些零工，现在也有相对稳定的收入了。平时喜欢遛鸟逛街，跟邻居们下棋、打牌。偶尔也会在电视、手机上看一些国产剧或者球赛。女儿还没有财务独立，所以日常生活里会格外省吃俭用，极少下馆子或者去娱乐场所。周末有时候会开车载着老婆去郊区的水库玩。

读完这三则用户画像，是不是感受到了三个更真实可信的有血有肉的形象？年轻有活力的白领女生、外来务工的小伙子、下岗大叔，是不是都跃然眼前了？

我之所以能够描述这三则用户画像，不是因为他们是我想象出来的虚无缥缈的几个人。他们是我基于之前从业过的三个产品总结出来的典型用户画像：25 岁的白领是上门美甲产品的典型用户，她一个月会做两次指甲，也能够接受上门服务；23 岁的小伙子是点我达的配送员，正在想尽办法成为点我达的正式员工；48 岁的大叔是滴滴快车司机，平时虽然辛苦些，但收入远比当初在工厂的工资高。

有了这样的用户画像，我们就能让一个有真实感的用户停留在我们的脑海中，在需要判断的时候让这个有真实感的用户帮助我们。同时我们也能够跟别人解释我们的用户是什么样的人，让大家脑海中都能够有这样一个用户来帮助我们做判断。

用户画像真实感的价值

为什么这种有真实感的用户画像是好的呢？因为我们在设计产品的时候有许多判断需要经过用户检验，用户画像就是第一关。

用户画像的种种特征和描述，延伸出来的是用户生活工作的环境，是他们日常的心理状态，也有他们的认知能力等。

比如，如果我们发现有一类美甲用户，大都住在群租房，并且居住环境比较差、面积小，那上门美甲的感受就会很差，因为没有合适的位置提供给美甲师，占用公共空间也容易引发矛盾。或者美甲用户是全职太太，家境阔绰，也有大把大把的闲余时间，根本不需要上门服务来节省时间，需要的是高端美甲店的高品质服务，那她们也同样不在上门美甲的用户范畴内。

再比如，我们发现大部分外卖配送员都是年轻人，对智能手机已经非常熟悉了，而大部分快车司机都是中老年人，对智能手机的熟悉程度有限，而且还有视力下降的问题，那么我们在做类似的接单功能的时候，要考虑的就完全不同了，要让司机的接单流程和界面布局更加谨慎且易于学习。

用户画像可以说是几乎所有产品决策的试金石，一旦把这个具体真实的用户角色扔到我们搭建的产品空间里去，就能发现种种问题。

最有效的方法是跟用户见个面

你看到这里，也许就会想伸手要一个东西了："给我个模板，我现在就去整理我的用户的用户画像。"

网上流传着很多用户画像模板，也有很多用户画像示例。在许多国外的专业院校里，也有很多成熟的方法论。形形色色的用户画像，涉及很多属性和特征，有的同学就仿照它们通过调研或者访谈做出了自己的用户画像。

对我来说，这些都太过于教条了。

前面提到，我认为用户画像的关键在于真实，真实是难以来自标准模板的。可以说，有 60 条特征描述的用户画像，会比"31 岁，北京人，女"更有效、更好用，但是当遇到这些特征之外需要判断的问题时，也许就容易失效了。

比如，住房面积这种统计在常规的模板里几乎不会出现，我们在遇到判断上文所述美甲用户的环境是否舒适时要用到这个。如果对用户有足够的认知，那其实可以从这些用户比较拮据的经济状况推断出他们住的是群租房，而离市中心比较近的群租房都不便宜，所以租住面积应该很小。这种抽象和推演的认知，模板是解决不了的。

那该怎么去获得用户画像呢？特别简单，去跟用户见个面，跟他聊聊天。见面和聊天不要安排在公司，如果用类似麦肯锡咨询的标准方法去访谈，这和填写问卷没什么两样。

要聊的话，就去他真实的生活或者工作环境。如果不合适，哪怕去他平时经常去的餐馆或者公园也可以。

比如作为美甲产品的设计者，我跟我的用户在咖啡厅聊过天，也跟美甲师一起上门在用户家中聊过天，后者的收获显然是更大的。在家里，用户也会更加放松，可以聊到她的很多经历，以及她在真实场景中才会有的感受。

再比如作为滴滴司机产品的设计者，我们在办公室里跟司机谈，司机会拘谨，但在司机们中午聚餐的小餐馆里，在大家闲谈的时候参与进去，得到的信息量就大得多了，能够使访谈更加完整和有效。

所以，不妨就去找到几个典型用户，在他们工作和生活的状态下聊一聊，然后记录主要的聊天内容。这份信息作为用户画像，远比一个教条的模板有意义。

我和老张的讨论①

老　张：你觉得用户画像是必需的吗？我觉得你说的用户画像要基于复杂业务形态的产品才更有价值。

刘　飞：我前面已论证了，不管什么样的产品都要认知用户，用户画像需要抽象。

老　张：举个例子，我就是想做一个天气工具，也不涉及用户的收入水平、居住情况、兴趣爱好等，用户就是来看天气而已，干吗要对用户有那么深的认知呢？

刘　飞：这的确跟产品占据用户心智的程度有关系。如果滴滴司机端对于大

① 此部分用来帮助大家更深入地理解核心内容，仅供参考。

叔来说代表着收入来源，那大叔对这个产品的认知和需求就全然不同，我们也需要对大叔有特别深入的认知，用户画像要特别详尽。如果看天气的工具对于大叔来说就是 10 秒钟完成的一件事，占据的心智是极小的一块，那我们对他的认知确实不需要多复杂。

老　张：感觉都不是很复杂，其实特别简单的工具压根儿不需要用户画像吧？甚至可以说“正常人类”这样的用户画像是不是就够了？

刘　飞：也未必。比如天气工具，我们要进行商业化的一个途径是售卖皮肤插件，谁会买？大叔肯定不会买，他没有购买虚拟物品的习惯；过得比较糙的男生估计也不会买；可能就是小女生会买，那么这些小女生在什么情况下会买？这背后代表的依然是她们的生活状态、收入情况等。

老　张：那我还是要说，对于许多产品，用户画像在刚开始可以不需要那么深入，随着产品复杂度的提升，或者出现新的需求和场景，产品经理才需要继续优化和丰富用户画像。

刘　飞：这么说也可以。我也说过用户画像是产品决策的试金石，刚开始可能简单一些，直到试不出来的时候，就要考虑这块试金石是不是需要再打磨了。

老　张：还有个问题，就是有没有替代用户画像的方法？比如你说的试金石的功效，我是不是也可以直接做一个产品出来，做用户可用性测试。

刘　飞：也可以，本质其实就是效率高低的问题。比如我们既然能够获取用户画像，并且在前期方案阶段就能做出相对精准的判断，那后续命中率就高得多，成本也会很低。但我们前期全靠猜测，最终都用可用性实验，或者 A/B 实验去做，那就相当于把宝全都押在碰运气上了。

老　张：好，最后一个关键问题，我们该怎么判断谁是我们的典型用户呢？

比如做美甲产品，用户五花八门，好像除了都是女性，别的都找不出更好的特征，遇到这种问题该怎么办？

刘　飞：这是个好问题。当产品用户规模还比较小的时候，比如我之前刚创业的时候，是可以随机走访一些人的，多聊几个基本就有大概的判断了，她们有很多共性，可以找到最具有代表性的用户。但当用户规模特别大的时候，比如已经有十万、百万甚至千万用户的时候，就不能这么去了解用户了，要用一些统计学上的判断，然后确定比较典型的用户。这涉及用户群体特征的理念，就是接下来我们要探讨的。

小作业 （试着阅读下列文字，回答问题）

我们的核心就是五环内的人理解不了的。

黄 铮
——拼多多创始人

试着描述五环内人群的用户画像和五环外人群的用户画像。

第二章　先区分后描述，全面认知用户特征

用户群体是对用户的宏观认知

不管是沪漂白领，还是杭州务工的小伙子，他们都过于具象。在分析用户认知、用户心智的时候，具象的确能够让我们有足够深的洞察，不过具象也意味着损失了普适性。外卖配送员肯定不仅有 23 岁的小伙子，还有 22 岁、24 岁的小伙子，也不仅有高中文凭，也有初中文凭或专科文凭。这些特征排列组合出来的上百万人群，才是真实的用户群体。他们是活生生的人，有不同的生活经历，也有不同的想法。可是我们的产品却只能有一种形态，这时候怎么做判断呢？

这就是用户画像的一个必要补充了——用户群体及其特征。虽然有时候很多人也把这些称为画像，但实际上用户群体特征的重点并不是“描述”，更多的是“区分”。用户群体及特征能帮我们

区分哪些是我们的真实用户，哪些是潜在用户，哪些是我们的核心用户，哪些是边缘用户。不需要有太深的了解（也不可能），我们就能根据用户群体及特征判断出到底哪些人是美甲师小慧，哪些人是外卖员李东，哪些人是司机建设，这是根据特征划清界限。要对边界内的用户有深入认知，需要深入他的心坎和生活状态，理解他的心理和场景。只有这样，才能做出好的判断，这还要借助用户画像。

先“区分”后“描述”，我们对用户的认知才全面。

既然要做更具备完整性的判断，用户数据就经常是核心手段了。大部分产品的用户资料和用户行为数据都是冷冰冰的数字，无法提供特别准确的诸如哪个人究竟是什么样的这种判断。这就引出了我们在认知用户时的一个核心能力——建立数据与用户画像的关联。

基于产品特性寻找相关数据

先看以下这几个用户群体画像的简要描述：

- 用户是有钱人，收入水平高；
- 用户经常出差，是商务人士；
- 用户喜欢二次元，是个宅男。

我们应该用什么数据建立这个画像呢？如果不考虑限制条件，当然是通过看看他的银行账户有多少钱来判断他是不是有钱人，看看他的差旅记录来判断他是不是经常出差，看看他平时娱乐的时候会不会看动漫来判断他是不是二次元爱好者。

这没有意义。每个产品都有自己获取数据的限制条件，要收集不同人群的数据，手段自然差别很大。建立客观数据与画像描述之间的关系，要基于产品的特征和我们的认知判断。

如果我们做社区类产品，那么可以参照用户参加的群组以及给自己贴的标签：参加了“高端信用卡交流”或者“私立幼儿园交流”群组的用户，很有可能是收入水平高的人群；参加了“携程里程积分兑换经验”或者“各地酒店推荐”群组的用户，很有可能是经常出差的人；参加了“新番动画推荐”或者“手办海购交流”群组的用户，很有可能是二次元爱好者。

如果我们做出行类产品，那么就可以从出发地和目的地做一些间接的判断：出发地往往是高档小区的，目的地经常是高档会所的，用户很有可能是收入水平高的人群；出发地经常不在同一个城市而且是酒店的，用户很有可能是差旅人群；目的地偶尔在漫展的，用户很有可能是二次元爱好者（不容易判断，毕竟宅男的出行数据原本就很少）。

从这里，你其实也能感知到，为什么人们总说作为电商平台和支付平台的阿里有最完整的行为数据乃至最完整的人群画像，那是因为根据生活消费的商品和服务，几乎能够推断一个人全部的特征，而越是习惯网上购物的用户，衣食住行都用同一个支付手段的用户，就越能够被电商和支付平台完整描述。

对于高收入人群，我们通过他是否加入了“高端信用卡交流”群组或者是否从高档小区出发来判断，是比较间接的，数据的准确度会由于以下原因降低：

- 召回率低，并非所有高收入用户都会加入群组或住高档小区；
- 频次低，高收入群体大都有私家车，用出行产品打车的频次原本就很低；
- 现实场景有误差，加入群组可能是帮别人查东西，出发地为高档小区也可能是为方便打车，但实际住在别处。

假如是通过平时的各种消费习惯判断呢？甚至通过理财习惯和账户余额判断呢？准确率显然会高出好几倍。

更不用说二次元宅男这种用户群体画像了。宅男平时点外卖的消费，充值有版权动漫的会员，在淘宝上买周边等，全都记录在平台上，获取到的行为数据十分完整，且具有很高的准确度。

百度在几年前开始走下坡路，大家在讨论时经常会提到百度的产品缺乏用户体系。为什么缺乏用户体系就不能解决用户问题呢？难道不是只要提供功能和服务，满足用户需求，就可以吸引用户使用吗？这个逻辑肯定没有问题，问题是要提供更好的功能和服务就势必需要对用户有更好的认知，但百度连用户是谁都不知道，只面对茫茫的数字和行为数据，不知道数据背后的用户是什么样的人。这种认知就低了很多层次，在做更多业务拓展，创造更多用户价值的路径上根本迈不开腿（当然，百度缺乏用户体系导致的问题还有很多，这只是其中一例）。

建立数据、特征、画像的关联

具体来说，数据跟画像之间应该怎么建立关联呢？这需要我们赋予冷冰冰的数字一个所谓的特征标识，这些特征聚焦的就是用户人群，每个人群都有一个画像。

比如，我们看到有许多加入群组的行为数据，这些数据意味着什么呢？单看数据没有任何意义，我们要看有哪些群组能够赋予特征含义。对于“加入高端信用卡交流”这个行为来说，我们就可以赋予其“高收入”的特征含义。许多“高收入”特征的聚集，就能够聚焦一些用户。

所谓聚焦往往就是建模的过程。“高收入用户”可能需要一个模型公式来计算，我们分析一个最简化的情况。一个用户是不是高收入用户的可能性为 $P=\alpha A+\beta B$：A 是他在“高端信用卡交流”群组的行为特征，在就是 1，不在就是 0；B 也类似，是他在“私立幼儿园交流”群组的行为特征。我们不能直接做加法，还要判断这两个特征与高收入用户的关联度有多大。

最科学的方法是做实地调研，我们可以搜集 1 000 个用户的行为特征，然后用可靠的调研方法确认这1 000个用户是否真的是我们认为的高收入用户。用这个做模型，最后就能得到 α 和 β 的值。与此同时，我们也有了统计学上的置信度的判断，即假如我们得到了一些用户的P值，我们认为他们很有可能是高收入用户，并判断出这个概率到底是100%，还是80%。

建模是最有效的方法，不过并非每个团队都有这么好的资源做建模。如果没有条件做建模，我们也不需要对特征和用户的关联准确度有太高要求，只需用比较粗糙的加减法做判断就可以。

加入两个群组的用户比加入一个群组的用户更有可能是高收入用户，当然这不是很确定的判断。A是用户在“高端信用卡交流”群组的行为特征，B是用户在“私立幼儿园交流”群组的行为特征，可以根据A+B的值为特征把用户划分成三个群体——2，1，0。我们可以针对性地发掘每个群体的用户画像，并做定向的研究和需求分析。

不管用什么方式，我们打通了可量化数据、用户特征与用户群体画像的一个通路。这个通路可能比较简单，也可能比较复杂，但都能够让我们从数据里分辨人群，进行有效的人群划分。

用户画像与用户特征的应用

前面提到，我们要利用用户特征来做用户群体的发掘和区分，再用更具体的用户画像做用户认知和判断。我们不妨举几个例子。

案例 1

我们是一个创业小团队，正在做一个 P2P（个人对个人）金融产品。平台上已经有了一定量的用户，他们购买了我们的理财产品。我们正在考虑要不要增加 VIP（贵宾）套餐服务，定位高价值用户，定向提供理财顾问服务。我们会请许多专家，提供很多额外的分析工具，让这些用户享受高端服务，赢利方式就是 VIP 年费。

单拿这个服务来看，肯定是没有什么问题的。“许多类似的产品都有这样的服务。”也许老板就会这么跟你说。但这不能成为我们就一定要提供 VIP 套餐服务的理由，我们还是要看看我们的用户是什么样的。

可以先统计下当前用户购买理财产品的行为数据，看看大部分买的额度有多大。其实，额度背后代表的是这些用户的收入水平和对理财的态度。比如粗暴一点假设，我们看用户的行为，过去 99% 的用户都是奔着投资 5 万元，锁定期 6 个月，年化收益率 5% 的产品去的。这些行为代表什么呢？从生活经验判断，对年化收益率要求不高，对流动性也要求不高，对安全性要求比较高的人，应该都是普通的上班族。这些人在理财方面非常保守，而且还比较年轻，理财额度并不高。

具体的验证可以通过访谈和调研来完成。假如结果显示，这些用户群体基本都是毕业三年内的职场新人，理财行为非常保守，收入并不高，这时回过头来看，这个 VIP 套餐服务的吸引力就特别有限了。我们可以做一些试验性的调研看看大家的接受度（我们会在后文讲述如何做类似的迭代实验），但仅从用户特征来看，几乎就可以给这个创意判死刑了。

老板也许会说："我们可以用新的服务吸引新的用户啊！"这就超出本次讨论的范畴了。我们要判断的是"当下我们的产品的用户会喜欢哪些功能 / 服务"，而不是"我们应该做什么事情吸引更多全新的用户"。后者实际上跟做一个新产品没有区别，对用户特征的分析要关注的就不是存量用户，而是全新的潜在用户了。

这个例子讲述的是通过特征来认知存量用户，从而判断产品应该往哪个方向优化。假如老板坚持要做全新的产品，而且一定要做 VIP 理财顾问呢？

案例 2

VIP 理财顾问这个产品是从零开始的，我们没有任何用户数据，只能先做一个分析：我们的用户是谁？他们在哪儿？

要想先假设这个 VIP 理财顾问的用户画像，就需要对金融理财行业有一定的认知，或者对理财用户有一定的认知。不论是分析从业经验，还是分析通过搜集行业数据得到的结论，都需要一些初步输入，才能做判断。

假设我们初步判断，会接受 VIP 理财顾问的用户，应该是三四十岁的中年人，那么接下来我们就要有针对性地获取这些人的特征。

我们需要找到这样的人来获取特征，他们可能在某些方面已经体现出了需要 VIP 理财顾问的特征（比如已经在使用某些理财顾问的服务，或者购买了许多风险很低、收益也很低的理财产品等）。简单的方式是，我们定向找到一些类似的人，做深度访谈和了解，看他们具体的工作是什么，生活状态和各种社会属性如何。比较耗费资源的方法是，我们通过一些公开或非公开的渠道得到某些同类产品的用户信息。

最终得到的结论可能是，目标用户是三四十岁的中年人，是中产阶级群体，在一线城市高新技术或者金融行业工作者居多，有较高的收入，但工作繁忙，无暇关注和打理自己的财产。他们通常居住在中高档小区，大部分有车，小部分有房，大部分结婚，小部分已经有孩子，等等。

有了这些特征，基本就可以定向做许多事情了。比如，如果他们中从事互联网和金融行业的人居多，文化程度也高，比较信任知名品牌的产品、有光鲜履历的顾问，那么我们的这个顾问产品就应该往精英化的方向发展，寻求互联网巨头或者金融巨头的背书，寻找背景非常硬的金融出身的顾问，这样产品的核心竞争力就被打造出来了。

案例 1 提到的是如何判断当前用户的潜在需求，案例 2 提到的是如何寻找潜在用户，接下来说说如何梳理当前用户的不同需求。

案例 3

我们现在依然做 P2P 金融产品，不过已经发展到了一定规模，需要研究功能上还有哪些可以优化的地方。

经过分析发现，现在的产品形态都比较单一，几乎都是收益率为4%~6%、半年锁定期的理财产品A，因此用户群体也比较单一。在此基础上，应该有优化的空间。

于是我们可以做一些尝试。原则上，任何尝试都可以做，不过还是要考虑成本问题（同样，后文会详细展开这种迭代思路）。我们做了一些存量用户分析，发现有10%的用户倾向于更高的风险，有30%的用户倾向于更灵活的周期。

接下来就可以试探性地提供一些类似的产品，比如收益率能上浮到10%，但风险更高的产品B，以及30天锁定期，但收益更低的产品C，然后看用户数据的反馈。结果可能是，有15%的用户转移到了产品B，有40%的用户转移到了产品C。我们继续做用户特征分析，发现产品B和产品C的用户在年龄、收入和工作类型方面的确有很大不同，比如产品B的用户年龄比较小，从事互联网工作，因此有冒险精神，而产品C的用户工作闲暇时间较多，因此希望理财的自由度更高。

这样就可以通过这些间接特征，将用户分层为A、B、C三类产品的目标用户，后续在新用户注册时一旦做了标签定义就可以做定向推荐。在存量用户的特征发生变化时（比如升职加薪，从A变成C），也可以依据用户的特征变化来做产品推荐和调整。

这三个例子都是在不同的应用场景下，对用户群体先用群体特征进行抽象识别，再用更具体的用户画像来认知的一个过程。可以看到，需要抽象的特征、最终抽象出的群体标识，都跟我们的目的息息相关。

从单一用户群体到用户群体矩阵多视角认知

从上面的例子可以看出，用户群体在不同阶段需要做不同区分。在产品刚刚萌芽时，更多的是寻找潜在用户的群体特征，以及判断当下核心用户的特征。对于这种单一用户的群体特征，可能是指向性很明显的一个维度，例如上门美甲的用户，就是 25 岁左右有一定消费能力的都市女性。这需要典型的用户画像，就像前文所述的河北女孩。这样我们就能够通过特征快速寻找我们所需的属性，不管是在做运营活动时要选取地点（目标用户工作和居住的聚集地），还是在做功能和服务时要做判断，都能够有一些参考，可以专门满足这些用户群体的需求。

在逐步发展到一定规模后，就有能力提供更丰富的功能和服务了，这时，就需要做人群划分。比如 25 岁的女性与 30 岁的女性在许多层面的认知和需求就不太一样，她们需要的样式有差别，对服务品质的要求有差别，对智能手机的使用方式也可能有差别，都应区分对待。住在市区和住在郊区的用户，也有不同，住在市区的用户比较集中，提供服务的成本和难度小一些，而住在郊区的用户比较分散，合理进行订单分派就比较困难。能够有针对性地做不同人群的拆分，原本让大家都体验到的 60 分服务也许就会变成 80 分。

到用户规模更大或者有能力提供更个性化服务的阶段，就不仅仅需要分几类用户群体去提取特征了，可能需要从每个维度都拆分出不同的群体。这样就形成了特征与用户画像的多维矩阵体系，在做任何一个判断时，需要观察某一个或多个特定的维度，以便迅速定位不同的群体。

比如，一家美甲店最近要做一轮线下活动，请了几位晕染能力特别强的美甲师，要跟静安区的某个商场合作。店家同时希望美甲用户有比较强的扩散能力，可以辐射尽量多的用户。那么我们就可以定义这样几个特征：平时喜欢做晕染的美甲样式，居住在静安区附近，年龄不大，从事互联网或者媒体工作，用这些特征快速定位一些用户，把她们作为目标群体定向推荐这个活动，最终的收益显然会比随机邀请用户高得多。

如何认知用户的生命周期

用户人群的划分有多个维度，最常见的是用户生命周期阶段的划分方法。我们不妨以此为例，探讨应该如何拆分用户群体，以及能用这些拆分的结论做什么。

生命周期源于随着用户跟平台关系的转变，用户的认知和行为均会出现较大的变化，在不同的生命周期阶段，他们的需求也会变化。

如果只能有两类用户，我们应该怎么划分用户群体呢？有的朋友可能说，应该是“新用户”和“老用户”。其实不然，对于绝大多数产品来说，我们要判断的最重要的应该是“潜在用户”和“真实用户”。他们之间是有转化关系的：

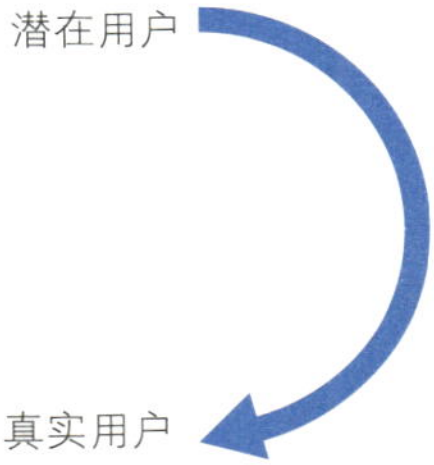

首先，我们要识别哪些是真实用户。这非常简单，他们都在使用产品，所有注册产品用户都可被称为真实用户。这是最简单的方法，不过要深究起来，不同的产品也有很大的差异。比如，对于许多社交产品来说，注册往往只代表第一步，这时候用户在“潜在用户”和“真实用户”之间徘徊，直到他们完成了一些操作，代表他们真正留在了平台上，出现有规律的行为后，才能算真实用户。

这在硅谷被称为“Aha moment”（顿悟时刻），比如脸书就认为用户有了 7 个好友就是过了这道坎儿，很有可能成为真实用户。对于脸书来说，真实用户就是拥有 7 个好友的用户。

那么接下来，我们再看潜在用户。是不是所有并非真实用户的人，全是潜在用户？这种区分方法也过于偷懒了。我们仍然以脸书为例，能够使用脸书的人，在国籍（哪些国家开放注册）、年龄（排除低龄儿童和高龄老人）、居住地（网络畅通的地区）等方面，是有明确特征的，依照这些特征，可以聚焦许多尚未成为真实用户的人，他们就是所谓的潜在用户。

我们已经有了以下这种划分了：

潜在用户：国籍、年龄、居住地有一定条件的非真实用户人群；

真实用户：有了 7 个好友的注册用户人群。

他们之间会有一个转化通路，就是注册步骤和拥有 7 个好友的步骤，潜在用户就能够成为真实用户。这需要我们做更多的努力，让潜在用户了解我们的产品，愿意注册，并且有耐心加 7 个好友。

不过，真实用户会不会又变回潜在用户？也有可能。他们会因为各种原因（社交需求没有得到满足，对产品丧失了信任等）离开产品，重新变成等待转化的潜在用户。

那么完整的通路就是：

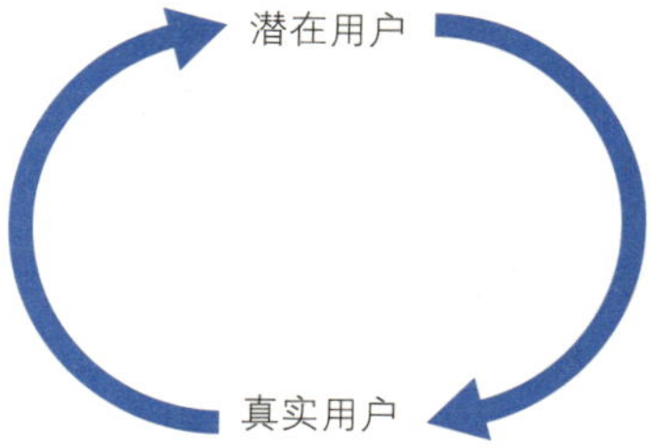

这是最简单的划分，接下来我们需要再把新用户的概念提出来。为什么要先区分新老用户？因为新老用户的认知和需求差别非常大。对于新用户来说，他们的预期还不稳定，对产品的认知还比较少，有很大的不确定性，这时需要关注他们的各种诉求，让他们能够成为老用户。对于老用户来说，需求已经转变了，未必要做太多预期上的管理、功能上的介绍等，更多的是让老用户持续留在产品上，产生更多的商业价值。

我们再划分用户类别，可能会变成这样：

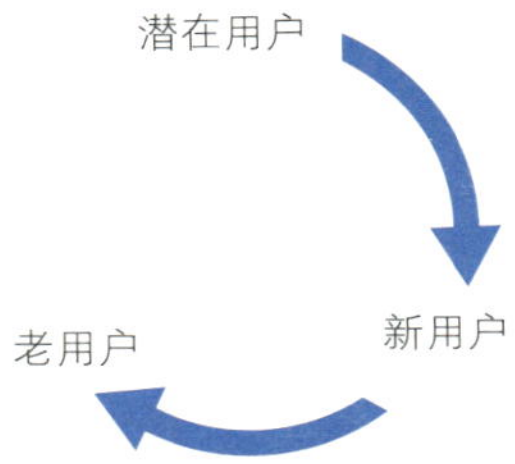

他们的定义应该是：

- 潜在用户：国籍、年龄、居住地有一定条件的从未注册的用户人群；
- 新用户：注册但没有 7 个好友的用户人群；
- 老用户：有了 7 个好友的用户人群。

如前文所述，老用户也会离开产品，成为流失用户。我们对流失用户也有个定义，就是长期不使用产品的人群，比如连续半个月都没有登录过的人。

于是现在人群划分就是：

- 潜在用户：在国籍、年龄、居住地等方面适合的从未注册的用户人群；

- 新用户：注册但没有 7 个好友的用户人群；
- 老用户：有了 7 个好友的用户人群，半个月内有登录行为；
- 流失用户：连续半个月没有登录过的用户人群。

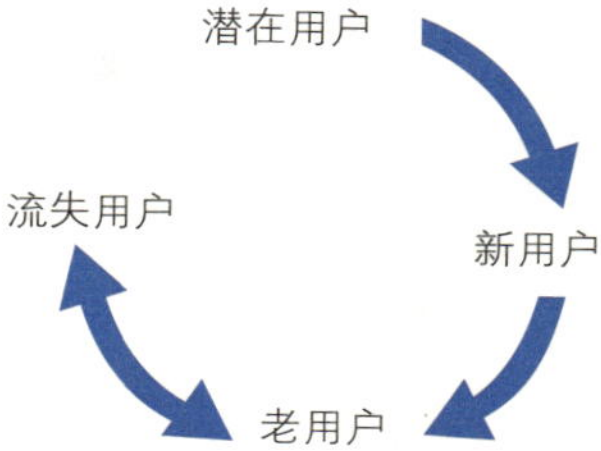

在人群转化的每一步，我们都可以做一些事情。

对于潜在用户，我们要努力做些什么，让他们能够注册成为新用户，比如，鼓励老用户将产品推荐给新用户，或者做大范围的宣传，让更多的人听说和了解产品，愿意尝试下载并注册。

对于新用户，我们要让他们快速获得 7 个好友，比如，绑定其他社交工具（如微信、QQ、WhatsApp），或者获取通讯录的好友信息，或者推荐一些类似的新用户。

对于老用户，我们要确保他们会持续使用产品，比如，确保用户更多的社交沟通在平台里发生，提供更多有意思的内容和玩法，让用户养成习惯，或者给用户一些长期权益，让他们难以离开。

对于流失用户，我们要想办法让他们回归，比如，挖掘用户流失的原因，然后定向解决他们的问题。

这样，我们的工作就更加精准，而不是一直盲目地优化，不关注每种人群到底需要什么。

这应该是大多数产品需要做到的生命周期划分的程度。实际上，在此之上，还有更多可以细化拆分的维度。比如，互联网产品的用户未必都是付费用户，因此存在普通用户和付费用户的互相转化关系，这样就存在一个人群转化通路：

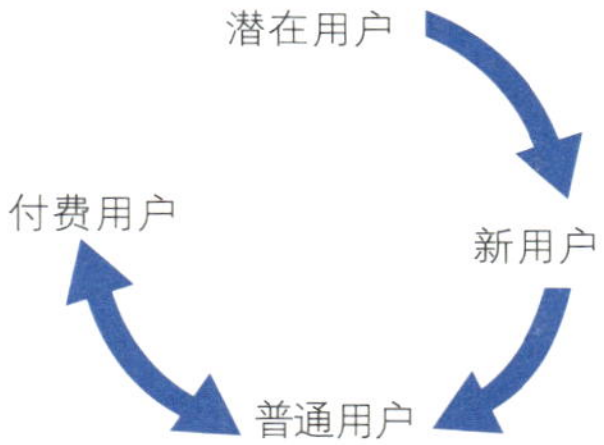

新用户会成为普通用户，普通用户会成为付费用户，付费用户也会退化为普通用户。同时，普通用户和付费用户也都可能流失。这是互联网游戏常见的区分方法，现在绝大多数网络游戏都是免费注册和使用的，但大量的装备、礼品、皮肤、宝箱等附加商品都要额外付费。如何让普通用户转化为付费用户，让支出并不多的用户转化为愿意高额支出的用户，是此类产品的产品负责人和运营负责人关心的事。

脸书和国内知名的社交产品陌陌是此类产品的典型，在它们的产品团队结构中，有负责获取新用户的产品团队，有负责主站核心用户的产品团队，以及负责付费商业化方向的产品团队。大家各司其职，满足自己面对的用户需求。

在核心的老用户群体里，按照生命周期的边界，也可以划分出过渡期的多种类型的用户，比如介于新用户和老用户之间的“次新用户”，以及介于老用户和流失用户之间的“衰退用户”。

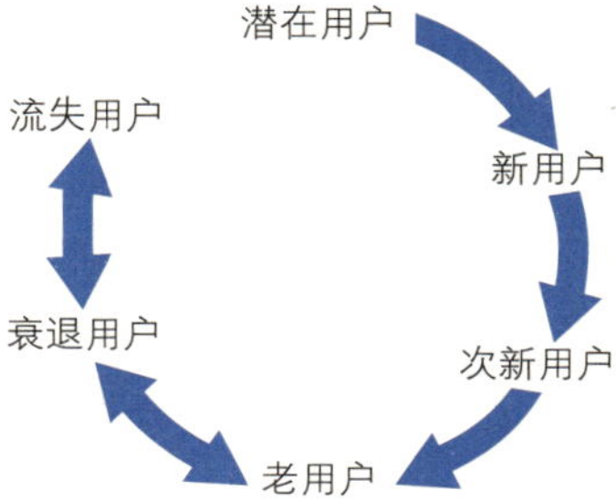

这些用户之间的转化关系未必这么简单，任意两种类型的用户之间都有转化的可能性，都要进行观察和拆解。对于每种用户群体，究竟应该做哪些事情，都会因为用户群体拆分的颗粒度更精确而变得更准确。

最后，简单说一下生命周期划分需要注意的几个陷阱。

用户生命周期的划分是为了区别不同的人群，对这些人群做需求分析，然后提供精准的功能或服务。但有的初学者一旦学到了生命周期这个方法，就忙不迭地将其运用到工作中，忘了划分生命周期的初衷。

在运用生命周期做决策的过程中，会有两个陷阱。第一个陷阱是，生命周期的划分不是源于数据聚类，不是源于已有的方法论，而只源于对用户的认知。

生命周期的划分方法，是要看用户群体本身是否存在明显的边界。有的老用户群体原本就是泾渭分明的，比如作为网络游戏的非付费用户和付费用户，他们的需求和心智差别很大，在行为数据上的体现也很明显，前者从来就不会付费，后者会有规律地付费。前面提到的脸书的 7 个好友的顿悟时刻也是如此，一旦有了 7 个好友，用户往往就很可能会留下来。而且不管是网络游戏，还是脸书，用户的转化都可能有多个层次和阶段，网游的付费用户也依据付费的程度有不同的分层，脸书的用户也有低频用户、高频用户、付费用户的区别。

有的用户群体就未必是泾渭分明的，很难找到类似的拐点。比如共享单车的通勤用户群体，可能很难找到能够转化成为另一种用户的顿悟时刻，用户的需求是十分固定的，缺乏弹性。作为一个每天骑车两次的上班族，无论用什么办法来刺激，他们也都只会每天使用两次。如果硬要学其他的产品也给共享单车的用户分出个三六九等，那肯定是没有意义的。

对自己用户的充分认知是划分生命周期的重要前提，不要觉得所有的生命周期方法都是可复用的。

第二个陷阱是，生命周期这种划分方法是平台视角的，不是用户视角的。在划分出人群后，该做什么，依然要根据每类用户的需求来推断。

依据生命周期划分用户之后，要根据每类群体的特征研究他们的诉求，不能舍本逐末，用简单粗暴的营销甚至砸钱的方法做转化，要更多地通过让用户需求得到满足、认可产品价值的方式做转化。

陷阱 1 划分生命周期，不源自数据聚类，
不源自已有方法论，只源自对用户的认知

陷阱 2 划分生命周期，不是用户视角，
只是平台视角

有的产品负责人对用户有了生命周期的认知后，可能会深陷平台视角，觉得“新用户应该怎样怎样”“老用户应该怎样怎样”，而不是“新用户希望怎样怎样”“老用户希望怎样怎样”。比如成为老用户需要 7 个好友，那么对于新用户来说，就是想尽办法让他们加上这 7 个好友，不管是硬塞给新用户并不喜欢的朋友也好，发奖励让新用户随便加几个朋友也好……这都会让这一步的转化价值大大降低，最终老用户的质量也飞速下降。

我所经历和接触过的许多公司都存在这种问题。当然这个问题不仅存在于用户生命周期设计和运营之中，还存在于整个产品设计和运营的各个阶段。只要陷入“为了转化而转化”的思路，就很容易做出疯狂补贴和唯 KPI（关键绩效指标）论的决策。

所以始终铭记，“用户生命周期是为了更好地认知用户和创造价值”比“用户生命周期是为了更好地做用户转化”更重要。

我和老张的讨论

老　张：识别用户群体的特征，看起来比较理想。大部分产品很难有能力搜集这么多用户特征。像上次聊的，我就是要做一个天气预报的工具，用户怎么会愿意提供性别、收入之类的信息呢？

刘　飞：这确实是一个问题，我们都会遇到这种边界的限制。电商产品、支付产品和资讯产品的确能建立极佳的数据平台，毕竟从消费什么商品和什么内容推断个人属性特别容易，其他的很多产品就相对困难得多。

不过话说回来，我们还是要看最终目的：我们为什么要做特征分析和群体分析？像你说的天气工具，假如只是看看天气这一个极普遍的需求点，区分群体的意义并没有那么大。

如果说要做天气工具的优化，可以基于设定的优化方向来做定向研究。比如，发现一线城市的用户人群比较关注雾霾指数，那么可以做雾霾相关信息的优化；发现有的小姑娘希望有个性化的定制皮肤，也可以做皮肤商店，探索商业模式。不过这些都像之前讲用户画像一样，并不需要太复杂、太精确的特征分析，可以根据实际情况进行调整。

老　张：所以其实用户画像和用户特征分析，都是有适用范围的。

刘　飞：那当然了。我一直强调的理念就是，所有这些产品上的方法论，肯定都有自己的适用范围，一味地拿通用的方法论不做区分地用到自己的产品里，一定是吃力不讨好的。

老　张：那再说说用户生命周期，貌似从运营嘴里听到的比从产品经理嘴里听到的要多。

刘　飞：是的。过去，一旦提到用户生命周期，就会讲用户生命周期运营，因为当时大家的认知还比较简单，获取用户、沉淀用户、让用户付费等，用的几乎都是运营手段，不管是做奖励活动，还是做营销宣传。

而互联网产品已经逐步进入深水区，做产品也不只是当年做做表面用户体验那样，已经更多地涉入业务。就像我提到的，通过创造价值，让用户认可并转化，远比用许多粗暴的运营手段让用户转化有价值。

老　张：能举个具体的例子吗？比如你在滴滴是做司机方向的，新司机向老司机转化，除了用奖励补贴让他们更多地接单，还有哪些手段呢？

刘　飞：滴滴的用户拆分没那么简单，我们就拿一个颗粒度更小的转化说吧，怎么让一个刚注册的司机迈出第一步，愿意接第一单，成为“首单司机”。

运营的手段可能是，对于首单有奖励，比如在注册后的半个月内，完成第一单就奖励 20 元钱。这是一种吸引，不过会消耗成本。产品的手段是什么呢？我们要先分析在这一步转化过程中，用户的心理和场景。

我们通过调研、访谈和一些间接信息了解到，许多刚注册的司机，有三个常见的没有接第一单的场景。第一个，他们不太会操作，担心接到订单不会处理。第二个，心理门槛特别高，从来没有做过服务行业，想到要接送一个陌生人，就会比较焦虑；第三个，感觉订单的收入并不高，觉得不太划算。

对于前两种新司机，当然做好功能说明和接单指引会有一定效果，但毕竟接单流程不是单纯线上体验，涉及许多线下场景，我们没有办法只在线上让司机体验到真实的流程。那么有没有低成本的方法，让司机快速学习和体验一次接单呢？其实是有降低门槛的方法的，比如我们可以给新司机相对容易的订单，订单距离很短，不会去偏僻的地方，甚至让司机选择自己比较熟悉的区域。在真实接单过程中，再给新人足够的引导，这样效果就会好很多。

对于第三种司机，还要进行更精细的拆分。可能对于部分司机，我们能提供的订单收入远低于他们的预期，那这些用户就很难成为目标用户。哪怕现在用高额奖励的方法把他们吸引来，未来也迟早会流失。而的确有一部分司机的预期并不高，但他们对订单收入情况一知半解，我们需要让他们有更直观的感知，比如详细说明订单计费方法，或者讲一些具体实例，比如怎样接单就能够赚到多少钱等。另外，可能这些司机对接单的熟悉程度不太高，那我们也可以做一些接单攻略或者接单计划这样的指引，让司机快速学会接单，能够让收入符合自己的预期，等等。

小作业

（试着阅读下列文字，回答问题）

2018 年 8 月 8 日，阿里在广州的年度盛典上公布了 88VIP 会员计划，打通了阿里巴巴旗下的天猫超市、天猫国际，以及优酷、饿了么、虾米、淘票票在内的多个会员体系。也就是说，阿里将这些生活业务集体打包，消费者一次购买，即可成为以上所有服务的会员。

——36 氪

试着论述打通会员体系在认知用户群体方面的价值。

第三章　利用场景判断用户的真实需求

用户场景是对产品所在外部环境的描述

在点我达做外卖配送产品时，我们遇到过这样一件事。平时工作日，产品经理、程序员和设计师都在反复测试外卖配送的流程，其中的一个步骤是，接到订单后有一句特别嘹亮清晰的播报声音："您有新的外卖订单，请注意查收。"这个播报声音在手机中是强制最高音量，连续播放 4 次，并且不可手动打断。这个声音在办公室里此起彼伏，从不间断，对想安心工作的同事来说不胜其扰。

于是产品经理跟设计师讨论这个强制功能的必要性。是不是至少可以手动打断，或者可以手动降低播放音量？看起来，用户体验至少是没有折损的，似乎没有太大问题。

有人提出，还是要去现场看一看。大家穿上配送员制服，骑上电瓶车，去跑了几单，很快就达成了共识：维持原状是更佳的做法。

实际的场景跟办公室的环境差别巨大，同事们是坐在安静舒适的办公桌前，手机平放在桌子上，而外卖员是在嘈杂的街道上，大多数情况是在路上或者在饭店里走动。如果声音可以调低，或者不是连续播放 4 次，或者可以打断，那么外卖员就很可能错过订单，或者因为走动的时候误触打断播报，这样造成的损失对用户来说是巨大的（取餐晚点和送餐晚点，都要面临惩罚），而声音比较吵，在外卖员的日常环境中并不重要，甚至不存在。

这件事让我记忆犹新，也让我深刻理解了“到现场去”这个做产品的经典座右铭。

什么是用户场景分析呢？这就是典型的用户场景分析：考虑到产品使用的外部环境，不仅对用户有判断，对外部环境也要有判断。整体考虑到的需求，才可能是最真实的需求。

考虑使用手机的物理环境

外部环境包含很多方面，最重要的自然就是产品载体的物理环境。对大多数互联网产品来说，产品载体是电脑和手机。电脑位于固定场所，如家中、办公室或者网吧，相对来说容易判断。

手机则位于任意场所，除非极特殊的无法携带手机的情况，对于用户来说，任何场所都可能使用手机，那对于使用手机的场景判断，就显得尤为重要。

在正常舒适的环境中，大多数场景并不需要特殊考虑。比如用户在客厅、卧室使用手机，或者在办公室使用手机。这时不管是光线，还是用户的操作难度，都不存在问题。

需要考虑的是一些不算舒适的环境。例如，在开车时，手机的物理环境就发生了变化。屏幕会抖动，且手机往往会挂在或放在远处，许多平时手持手机容易完成的操作这时就变得很难，这就要求对整体视觉效果进行调整，字体要更大，可操作范围也要更大。

再比如，一些需要紧急处理的情况。像紧急求助客服甚至报警的操作，对于用户遭遇的场景来说就要极其方便。此时，用户可能遇到了很棘手的情况，操作路径比较长，步骤比较多，或者点击按钮不明显等，都会让用户错失良机。

iPhone 的紧急求助是连续点击 5 次休眠 / 唤醒按钮（也就是我们常说的电源键）即可唤醒，对于用户来说，哪怕看不到屏幕，哪怕在口袋里操作，也能够轻易完成。同时，连续点按 5 次的操作也很难误触。这就是一个很好的考虑场景的功能。

另外，手机的外部环境也是随时变化的，大多数情况不受外部影响，但作为产品设计者更要注意的是异常场景。比如，用户在信号不好的地方，是否要提供方便的离线状态下的操作？我曾经用过一个国内银行的 App 产品，开屏有广告动画。这个广告是需要在线加载的，有网络的环境下一切正常，但是在没有网络的环境中就会始终停留在这个开屏界面，根本无法进入 App。我只是想看看自己的账户余额，这个余额是缓存的，离线应该也可以看到。

如今许多需要长期阅读和观看的 App 都提供了夜间模式，这也是考虑到外部环境光线的变化，让用户更舒适的一例。

考虑用户所在的社会场景

我在前文提到过，用户不是只存在于物理世界的理性人，还是在社会环境中的社会人。对于容易判断的物理环境有了解并不难，难的是对用户使用产品的社会场景有一定认知。

什么是社会场景？

“让用户尴尬”就是一类常见的场景。比如之前网上热议过的“老板键”功能，就是让电脑的所有当前界面瞬间消失，切换成桌面或者已经设定好的软件界面。这是有的用户在工作时开小差或者看一些敏感内容时，担心被老板或者其他同事看到，当他们出现时快速藏匿某些内容的场景。这种场景就是典型的社会场景。操作上跟前文所述的紧急危险场景类似，用户需要快速方便地触发功能，但这纯粹是因为人的社会属性决定的场景，与客观环境的舒适度没有任何关系。

“让用户尴尬”的场景还有很多，有的功能操作本身会让用户做出某些动作，或者发出声音，在许多场景下都不太合适。比如有的操作是让用户举起手机，这会让用户对面的人感到不适，这太像拍照动作；有的操作让用户摇动手机，在一些场合也很奇怪，如今微信、支付宝这样的国民应用，需要摇动手机时也提供了点按的方式来触发操作。语音助手至今都没有流行起来，应用场景局限在设置闹钟，搜通讯录这种特定需求的原因，也正是大多数有别人在的场合下，用户对着手机讲话有些奇怪，这跟物理环境无关，安静的场合下语音识别准确率非常高，但越安静的地方用语音助手反而越尴尬。

受社会因素影响的场合有很多，在独处之外，每个人无时无刻不在与各种人打交道。这些人会怎么看待我们，以及与他们交互对我们产生的影响，都会深刻影响我们当下对产品的诉求。

考虑用户的心流

客观环境和社会环境是外部因素，用户的心理状态会受这些外部因素影响而变化。用户心理状态的变化，是我们设计产品时更需要重点关注的课题，我们把用户在特定心理场景下的状态，称为心流。

我当初参与上门美甲项目时有一个很深的感触，许多美甲店开在商场里，之所以愿意付高昂的店租费用，是因为有一类美甲用户总会来。这类美甲用户与那种每个月会固定美甲两次的用户不同，她们对美甲的诉求不像理发一样是规律的日常项目，而是将美甲视为“逛街”心流的一部分。

商场中的餐厅、饮品店、服装店、超市、娱乐设施，以及美甲店，它们构成了一个整体。商场中的大部分人，在这个场景中已经有了“逛街”心流，每次逛街，要逛几个服装店，要吃顿饭，要做一次美甲，都成了相对固定的项目，她们的心理状态是“娱乐”“休闲”，而非目的性很强的“要吃到什么”“要买什么”“要做什么美甲样式”。正因为有“逛街”这样的场景，才让用户对这些项目有了关联度和诉求。脱离开这个场景，也许用户压根儿就没有强烈的诉求了。也正因为如此，上门美甲对于这些人来说，就是企图硬生生拆走其中的一项，对用户来说是有极大的转移成本的。

有时我们会疑惑，为什么旅游景点的游客总是愿意大手大脚地花钱。哪怕同样的饮料、同样的食物、同样是义乌生产的纪念品，游客都毫不在意，愿意用几倍甚至十几倍的价格购买。除了“不能白来一趟”的心理外，更多的正是“我正在旅游”这个心流决定的。既然已经支出了高昂的出行和住宿费用，既然已经在这样的状态下了，那何必再纠结这点小钱，出来玩就是要开心的……在这种心态下，游客对大多数消费的心理阈值就潜移默化地提高了，需求会随着场景的变化而变化。

说到这里，值得一提的是理查德·塞勒（2017 年诺贝尔经济学奖得主）早在 1980 年就提出的心理账户，如今已经是经济学中的重要概念。心理账户指的是，哪怕都是同样面值的收入和支出，在一个人的心中，它们都被分门别类做了编码，重要程度和账户的额度截然不同。

下面这个经典的例子许多读者应该耳熟能详了，试看以下两个场景：

- A. 今晚你打算看一场票价 200 元的演唱会，在出发前发现丢了 200 元现金，这时你还会不会打算去看？

- B. 今晚你打算看一场票价 200 元的演唱会，在出发前发现门票丢了，再买一张还是需要 200 元，这时你还会不会打算去看？

大多数人都会在 A 场景下选择仍然要去看，B 场景下则选择不去看了。虽然实际损失都是 200 元，但在心理账户里，B 场景是在这场演唱会上花了 400 元，算下来就不值得了。

用户的心理账户会判断每天或者每月花多少钱在什么事情上，哪怕不是特别具体清晰。回到前面的例子，一笔做美甲的钱放在“周末去逛街”的大的心理账户里和放在“要做美甲”的小的心理账户里，能取出的钱是不同的；一笔在北京吃烤鸭的钱放在“旅游花费”这一大的心理账户里和放在“想吃顿好吃的”这一小的心理账户里，显然也不同。道理是类似的。

这种对用户心理状态变化的把握，可谓最高阶的一种场景判断。场景判断能够帮助我们更精确地捕捉用户随时会变化的需求。这也就是我说“用户需求是动态的”的原因。

结合外部的物理环境、社会环境，以及内部的用户心理状态，我们就能够判断用户完整的场景。在这个场景下，用户会怎么想，会有什么问题，就代表用户有什么样的需求。

利用场景判断需求

场景是需求的限制条件，决定了需求的适用范围。

我们先来看下面几个描述：

- 用户需要娱乐；
- 用户都喜欢便宜；
- 用户愿意花200元买一个狂鼠（《守望先锋》的游戏角色）的皮肤；
- 用户会买一卷用不上的卫生纸。

这些描述是对的还是错的？可以说它们都是对的，因为这些描述都会在一些情况下生效；也可以说是错的，因为这些描述又会在一些情况下无法生效。

脱离场景去说，根本无从判断对错。不做区分地把这些描述当作指导产品设计的原则，无视实际场景，很容易做错判断。

用户的确需要娱乐，但用户不是不分时间、地点、场合地需要娱乐，需要娱乐的场景要在用户的心理账户（这里指的是时间账户）里属于工作之外的休闲时间。比如，我们要做娱乐类的产品或者做游戏产品的推荐，给用户手机上发一个消息通知，如果不分场景很可能会赶上用户正工作、开会或有重要事情处理的时间，消息触达的效果就会极差，用户可能只会瞥一眼。我们可以通过用户调研或者数据分析的结论，结合前文提到的对用户的认知，判断什么时机触发消息更合适。

用户都喜欢便宜吗？当然。但是就像旅游中的消费一样，用户在不同场景中对价格的认知差异会非常大。经济学上经典的例子是，水对于普通人来说没什么价值，价格也很低，而对于沙漠中口渴的人来说，则是珍贵无比的，这个人也许愿意花掉一半的财富来换一杯水。对于价格的认知是一个非常大的课题，我们再论述一下。

用户愿意花 200 元买一个狂鼠的皮肤吗？这个描述已经有了一些限定条件，不过仍然没有说明场景。大多数情况下，多数玩家也许不愿意为一个游戏角色的皮肤花这么多钱，但是如果心理账户从“自己的游戏娱乐”转化为其他账户呢？比如，这个皮肤是送给特别喜欢狂鼠的女朋友的，那这个心理账户就变成了“给女朋友的礼物”，额度也许就有所提升；又或者，用狂鼠已经出神入化的玩家，希望在游戏中显得更酷、更有范儿，这个心理账户就变成“社交荣誉感”，额度也会发生变化。这两个特殊的场景，用户的心理就会发生变化。

用户会买一卷用不上的卫生纸？这句描述看起来很无厘头，用户为什么要买用不上的卫生纸呢？在多数场景下也许不会生效，可我们总能找到有效的场景，比如，用户在电商网站把一批商品放进购物车，在结算的时候发现没有到满减运费的条件，就差 5 块钱，而运费是 8 块钱，于是放了 5 块钱的卫生纸进来，就省了 3 块钱，哪怕未来不会用这卷卫生纸。这个需求并非源于卫生纸本身的价值，而源于“凑单”的场景。

在推销行业里最经典的问题是“如何推销梳子给和尚”，无非就是考察推销员寻找消费者使用商品的各种场景的能力。对于产品设计者来说，这个能力同样重要。

我和老张的讨论

老　张：用户场景应该是外部条件吧？你后面讲的用户心理状态的变化和心理账户，怎么看都像用户心理分析。是不是本章叫用户心理比较合适？

刘　飞：叫用户心理也没错，不过本章强调的还是用户随着外部世界的变化，一些临时状态的变化，强调的是“场景影响”的部分。在研究这一块的用户心理时，我们关注的是外部，比如用户是不是被老板批评了，情绪不太好，是不是在跟女朋友约会，所以情绪高涨，又或者用户是不是在旅行，用户是不是在逛街。我们要先看哪些外部环境在影响用户的心理认知。

而用户心理关注的是内部的用户心智，外部的环境影响施加到用户心智上，才产生各种各样的用户认知。同样被老板批评，承受能力强和承受能力弱的人的情绪就不同；同样是在旅行中消费，有不同心理账户的用户对消费的认知也不同。

本章我们以外部因素切入，下文我们会探讨用户固有的心智。

老　张：另一个问题，好像之前也问过类似的，所有的产品都需要判断用户场景吗？

刘　飞：这个问题以后可以不用问了，我早就讲过，所有这些产品上的方法论，肯定都有自己的适用范围。产品差异太大了，用户差异也很大，根本没有一成不变的标准方法。

不过可以补充的是，判断用户场景有一个极佳的效用——可以作为产品主打的品牌形象。被讲烂了的“收礼就收脑白金”和“怕上火喝王老吉”的经典营销案例就是让产品的场景深深植入用户心智，用户的心理账户是“给长辈送礼”和“吃东西败火”要比“买保健品”和“喝饮料”更具价值。

如果产品在用户场景上定位清晰，是非常容易宣传和推广的。这样不仅可以单向获取用户心理账户来满足需求，还可以反向影响用户心智。

小作业

（试着阅读下列文字，回答问题）

抖音短视频和西瓜视频都是用不同的场景满足不同用户的场景需求，所以它们的用户群不一样，场景也不一样，对今日头条是很好的补充。

——钛媒体
《对话今日头条新任 CEO 陈林》

抖音和西瓜同样都是短视频，为什么说它们满足了不同的用户场景？

第四章　怎样探索用户的心智

用户心智是用户需求的根源

在用户场景中，用户的心理状态会有各式各样的变化，这些变化的根源就是用户心智。如果说用户是产品的根源，那么用户心智就是用户需求的根源，用户所做的每一个行为背后都是他们在具体场景下，认知某件事后的反馈，这个认知的基础是用户心智。

我们知道编程语言里最常见的就是函数，函数的内容可大可小、可长可短，最简单的函数比如加法，就是

$$F(x,y)=x+y$$

有了这个函数，每次输入 x 和 y 的值，就会得到它们的和。真实工程里的函数复杂得多，它们能够解决各式各样的问题。我们把

一个问题的固定解法封装起来，下次再使用时，只需要简单输入，答案就会计算出来，不用每次都反复处理其中的逻辑关系。

对于用户的核心判断，也是这样一个函数：

$$想法 = F(x,y,z\cdots)$$

如果我们知道用户有哪些思维逻辑，并且把它们封装成函数，就可以把一些用户当下的感知和场景，作为参数，比如 x、y、z 等通通输入这个函数，得到一个用户认知结果。对于产品经理和创业者来说，认知用户的价值，不仅仅是每次都知道用户当下的想法是什么，更重要的是知道用户的心智函数（F）是什么。F 是对用户的深入理解，可以帮助我们在条件有限的情况下快速准确地判断用户，这是产品从业者的核心竞争力。

在面试时，基础的问题是“用户是谁”“用户在哪儿”。答出这两个问题并不难，难的是我会接着问：“假如发生 ××，你认为用户会怎么样？”此时，对用户认知度不够的产品经理往往会语塞了。

探索用户心智的难点

既然用户心智这么重要，为什么不把所谓的用户心智函数整理成清晰的手册给大家使用呢？照这个方法做的话，百度应该出一份

“搜索用户心智函数”，淘宝应该出一份“电商用户心智函数”。有了这些指导手册，哪怕特别初级的产品经理，也能够做好用户判断。

可惜现实条件很复杂，我们无法将用户心智具象成一行行富有逻辑的代码，甚至很难清晰地将其表述出来。原因很简单，用户心智是社会问题，有人类意识的参与。

人工智能目前最难理解的认知就是人类意识。我是计算机硕士毕业的，读研期间研究的就是机器翻译课题。如今准确率最高、效果最好的机器翻译器都是以统计概率模型为基础实现的，换言之，看似聪明的机器翻译，也只是存有无数语言翻译资料的笨拙大脑，在认知每个词代表什么意思、语法结构是什么等方面几乎是白痴。包括震惊世人的围棋机器人阿尔法围棋（AlphaGo），也只是能够快速且精准地计算正确的概率，而不是真正理解了围棋的规则和战术。

假设这个函数真能够清晰表述，里面也肯定会有大量的基于意识的描述，比如高兴这样的情绪、正义感这样的价值判断等。这给我们判断用户的心智模型造成了不小的困难，也说明我们要认识用户的心智，一定绕不开“同理心”这样原本就是人类才有的能力。

同理心指的并非是简单地“切换为用户视角”的能力，这个能力其实比较简单。比如我们每个人都是许多产品的用户，我们在认知这些产品的时候有各式各样的想法，但要说清楚这些想法，其实并不难，难的在于，你能够切换为跟你差异比较大的用户的视角。你如果是男人，是否能切换到女人的视角？你如果是高收入用户，能否切换到低收入用户的视角？这种难度是陡然提升的。我经历过的每个产品，用户都是不太容易换位思考的，尤其像美甲消费者这种用户，我花了许多时间体验、思考和总结她们的心智，仅去美甲店和美容院的次数，都会让身边的人惊讶。

读社会学和心理学的书就能知道，每个人的心智成熟过程无不受社会环境的影响。一个人之所以成为现在的样子，跟他从小的生活状态、接受的教育、日常接触的人都有莫大关系。因此如果我们要深究每个人的心智，当然就要深究这些人的过往，研究他们的心智形成过程。说到这里，大家或许就能体会到好的用户画像对我们认知用户的意义了。

接下来，我们借助社会科学大师们的智慧，开始正式探索用户心智，我将从社会心智和认知行为心智两方面分别论述。

社会心智：社会对每个用户的影响

社会学家乔恩·威特的《社会学的邀请》，已经成为社会学的入门经典，这本书从社会学角度展开论述了我们之所以成为我们的缘由。与我们惯常所想象的不同，造就我们的并不是我们自己，或者严格来说，并不完全是我们自己。每个人都认为自己是独立的个体，并独立于所处的世界。我们相信自己能对影响我们的东西加以控制，也能精心挑选我们最喜欢的东西，而放弃其他东西。从社会学的视角来看，这些是极不真实的想法。我们其实是生活在虚幻之中。

乔恩·威特用一句掷地有声的话说："我们所处的地位决定了

我们是谁。”对于一个人，他在社会中的位置，他的经济程度，他的文化程度，他的价值观……这些塑造了他的认知和心智。如果你不清楚这些背后的缘故，只是有了他的用户画像，就像只是能解释星象，却不能一窥宇宙的奥秘。

在社会学中，影响一个人的塑造因素，主要是社会地位和社会资源。它们包括哪些因素呢？

一是物质或经济资源，即一个人拥有的财产或者资产。简单来说，穷人和富人在许多事情上的判断和认知差异很大，且不讲道德和价值观层面的差别，由于贫富差异带来的外部影响依然很大，从生活环境、消费习惯到文化程度和价值观，都受物质资源影响。

二是社会资源，即一个人认识谁，他的社交网络，以及在社交中的影响力。一方面是他是否有能力影响别人，另一方面就是别人对他能施加多大的影响力。比如一个人要是物质条件充裕，但极容易受他人影响，那他的消费习惯和价值认知，就更容易偏向自己社交圈子的常见情况；反之，则会更有自己的主意。

三是文化资源，即一个人的文化程度，知道哪些事情，是否有自己的价值观和想法。知识的多寡决定了一个人能否理解产品的价值，或者从什么维度理解产品的价值。一个文科生和一个理科生，哪怕都受过良好的文化教育，在认知一个产品的价值时，也会有不同的判断。价值观往往都是在从小到大的耳濡目染中形成的，受学校和家庭教育影响，也会受所在的社区（大院）、邻居、亲朋好友的影响。

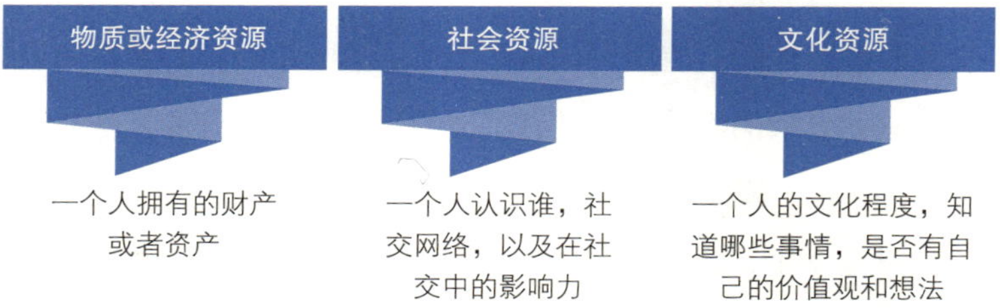

这三个核心资源，相互影响但未必完全重合。我们可以说，一个经济状况比较不错的家庭更容易有较高的社会地位，也有较高的文化程度。其实，也存在许多例外：由于拆迁导致的一夜暴富，这样的家庭经济实力可能很强，但在社会资源和文化资源上，未必能够快速跟上；有的知识分子家庭，经济情况普普通通，但父母都是高才生，作为孩子可能就有非常不错的文化资源，哪怕经济资源和社会资源比较弱。

三个资源相互影响，最终施加到一个人的方方面面。在把他们当作用户认知的时候，我们要关注的，是他对于各种事物的认知程度，以及核心价值观，重点包括但不限于以下几个方面。

- **生活方式**。用户当下的生活方式、预期的生活方式，以及过去的生活方式。一个人通常要花很长时间才会习惯全新的生活方式，旧有的生活习惯会延续很久。大的生活变量也会造成剧烈的影响，比如一个大学生毕业进入职场，或者一个青年刚刚成为父亲，这种生活方式的巨变会引起许多连锁反应。

- **消费心理**。消费心理被不同的生活方式影响，也由价值观决定。我们可以大致猜想到收入高的群体消费意愿也强，但受不同环境影响，也有例外：西二旗的程序员虽然收入也很高，但囿于生活方式和价值观，消费意愿很弱。经常有人说，西二旗的程序员是每个月拿着 50 000 元的工资，花着 5 000 元的钱。
- **文化程度**。与文化程度直接相关的是学历，同时也有家庭教育和成年后受到的教育。文化程度一方面代表的是知识和信息的存量，它们会影响用户怎么认知产品，怎么理解产品的每一个功能甚至每一句文案；另一方面代表的是逻辑判断的方法，受过逻辑训练的理科生能更好地分析客观价值，而其他人往往会侧重感性认知。
- **价值观**。经济资源、社会资源和文化资源会影响一个人的生活方式、消费心理和文化程度，这些要素综合起来，就塑造了一个人的价值观，也就是认知所有事物的价值判断方法。西二旗的程序员每个月只花 5 000 元钱，穿比较质朴的衣服，不是因为他们缺乏认知或者不知道怎么消费，本质上是他们认为在穿着打扮上费心思和时间并不值得。反过来看，大多数互联网从业者在购买游戏机、电子数码设备以及虚拟电子商品的时候都更舍得花钱，他们更认可这类娱乐方式为生活带来的价值。这在另外一些人看来也同样很难理解。

这些影响因素最终决定了一个人的社会心智。每个人的社会心智都有不少差别，没有完全一模一样的社会心智。这些心智中又有不少有迹可循的要素，像刚刚提到的西二旗的互联网从业者就有不少共同点，而同是小山村里出来的互联网从业者和从小生长在一线城市的互联网从业者也有一些不同。多个维度切分，我们更能寻找到每一批甚至每一个用户的心理诉求。

社会学家（以及经济学家）就如同研究社会和人的侦探，他们试图抽丝剥茧，找到构成社会和人的真相。社会心智的探寻与社会学密不可分，本书只是浅尝辄止。在《社会学的邀请》中，还有许多探讨社会模式的内容让我受益匪浅，比如对家庭的分析，对制度家庭、伙伴家庭、新型家庭、后现代家庭的论述，让我对一个人背后的家庭生活这一要素有了新的认知。

接下来，我们讨论一下社会心智的特点。

社会心智的特点

在研究分析社会心智时，要特别注意用户社会心智的几个特点。

第一，社会心智是相对固定的。

社会心智不会像前文提到的工作中和旅游中的心态那样经常变化，对于一个用户来说，他的心智是相对固定的。比如我的朋友老张，他在周末要跟家人共度时光，这在他的生活方式中是不可或缺的重要组成部分。他的这个习惯坚持到现在，除了要出差之类的特殊情况，不会经常变化。

为什么要强调相对固定呢？因为每个人的生活中都存在巨大变化的可能性。如今，老张会跟家人共度周末时光，但总有一天，他的儿子会长大成人，那时候他也许就会调整周末的生活方式；或者有一天他成了公司的重要角色，比如某个部门的负责人，也许就没有办法保证享受每个周末的家庭时光了。

第二，社会心智是很难用外力改变的。

社会心智的形成过程很漫长，价值观的塑造不是一朝一夕的事，要改变十分困难。另外，只要生活环境和影响社会心智的要素不发生大的变化，一个人的社会心智也没有改变的诱因。

比如老张跟家人过周末这个心智，是他从小耳濡目染看到自己的父母的行为，受到的关于家庭生活的教育，以及日常接触的许多影视剧和综艺节目在家庭生活价值观方面的宣导共同塑造的。只要不出现大的变数，老张依然会继续受父母影响，继续被身边的朋友和影视剧、综艺节目影响，持续巩固自己的价值观。

我们若是做一个知识付费产品，给老张推荐一些周末的职场课程，会不会让他变成一个特别追求职场成就的人？几乎不可能，因为他的心智不会因为一个陌生的产品发生改变，而会更受刚刚提到的要素影响。

第三，社会心智很受社交圈影响。

就如前文所述，社会心智很受自己所处的社会环境影响。比如，如今的大多数年轻人远离故乡，往往都是独立生活，与家庭的连接并没有那么多。尤其是在一、二线城市的年轻人，工作繁重，很少有在线下与朋友聚会和交流的机会，平时的社交关系往往都在网上的社区，心智就很容易受此影响。

许多人的消费观念，在过去会被电视广告影响，如今则经常被朋友圈刷屏的文章、网络综艺和直播文化影响，因为这些也是身边的朋友和同事共同喜好的内容。如果能够基于这些新的观念来设计产品，自然就会更受这些人欢迎。

另外，容易受社交圈影响并不代表都是受同样的社交圈影响。哪怕同样的社区工具，在不同人的社交圈里内容差异也非常大。比如转发文章和朋友圈文章，在长辈的微信里就是截然不同的画风，这还是会受身边环境和已有价值观影响的。

社会心智的应用

社会心智究竟可以怎么使用呢？我们不妨举几个例子。

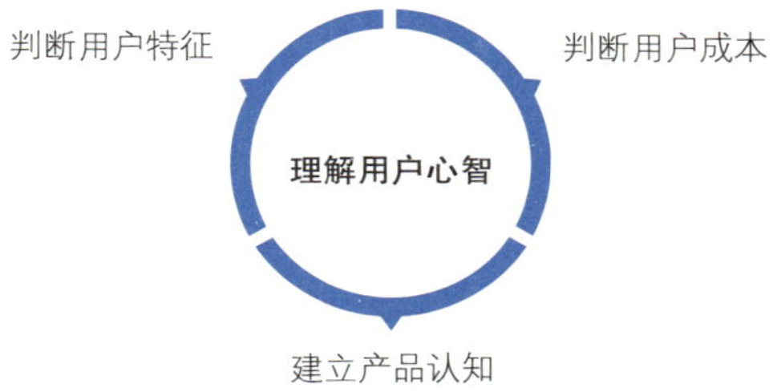

第一，理解用户的社会心智可以判断用户特征。

用户心智是用户表现出来的行为的根据，因此在遇到数据分析、特征分析瓶颈的时候，可以试着判断用户在心智上的差异。

比如，我们做的是出行平台，区分出了两批用户，一部分是高收入用户，一部分是低收入用户。对于高收入用户，我们希望用比较高级的专车服务来满足他们，但试验结果是，总有一些用户完全无法打动，他们还是在用更便宜的出行服务。这时，该怎么区分他们呢？

高收入与享受更好的服务是相关联的，这没有疑问，不过考虑到用户心智，会发现有类用户，就是这个认知之外的存在。我们在接触这些用户后发现，他们有的是在农村或者乡镇长大的，从小家境比较贫寒，直到现在消费心智也没有太多改变，依然极其节约，他们对出行的消费心智就是能够快速到达目的地就可以了，不需要多高端的服务，那样过于浪费。

第二，理解用户的社会心智可以判断用户成本。

前面已经提到，用户心智是很难扭转的，不过依然可以扭转，只是成本问题罢了。当前消费者的心理认知也一直在变化。10年前，大家对于游戏和软件没有什么版权意识，大都是从网上下载免费的或者买盗版的来用；10年后，大家已经有了很好的版权意识，花钱在网上看电影，玩游戏，这在过去看起来很不可思议。这就仰赖于这些年年轻人消费能力的提升和全社会对于“购买正版可以帮助行业更好地发展”这一点的认知，“买正版的虚拟产品”已经深入年轻人的心智。

买正版也许是要倾全社会之力去改造的用户心智，成本当然会比较高。我们面临的许多用户心智，未必是非常难扭转的。

比如，前文提到的在出行方面不愿意接受高端服务的那些人，心智上不愿意尝试，但也许我们想办法让他们免费体验几次，他们就能够感受到高端出行服务的优势，会慢慢扭转心智。这个“免费体验几次”的成本，就是扭转用户心智，让用户成为真正目标用户的成本。

第三，通过影响用户的社会心智来建立产品认知。

用户对一件事物的认知未必是一成不变的，虽然让他们改变心智的成本很高，但不代表用户心智是难以改变的。

在传统的营销领域，定位是一种经典理论，即要深入到用户的心智，让他想到某件事就联想到我们的产品，或者想到我们的产品就能联想到某个概念，比如“怕上火喝王老吉”和“收礼就收脑白金”就是典型的案例。当然，定位理论在互联网的生态里遭遇了许多挑战，受到了许多质疑，我们只截取这中间有价值的一部分参考，其他内容不在本书的讨论范围，就不展开论述了。

互联网产品大都是持续、长效的服务，尤其像打车、外卖等O2O（线上到线下）服务，有许多触点，而并非只有购买消费这一个触点。我们要试图在每个触点，让用户感知完整的心智感受。

比如，网约车出行平台就会遭遇许多心智感知问题。作为乘客，主打智能出行和大数据出行的网约车平台，如果没有体现出这些高新技术在打车上的优势，那么他们就感知不到快车比起出租车的优势。假如我们有一个新的功能，可以预测乘客打到车的时间，出错率非常低，我们要不要上线呢？还是谨慎为好，因为哪怕1%的出错率，覆盖的乘客数都不是小数目，每次出错都会对用户心智造成负面影响，乘客会失去信任，对“网约车=高科技=高准确率”的心智是一个损害。虽然出错率是1%，但在用户心智里却会扩大好几倍甚至几十倍，这种负面感受的积累后果不堪设想。

在某个足够垂直的领域，一旦用户有“A产品=安全”或者“B产品=送餐快”的心智认知，那攻破用户心智对你来说是产品运营目标，对竞争对手而言就变成了重重难关。

认知行为心智：认知心理学对用户的影响

引入社会学，我们讨论了用户社会心智的形成，社会的要素让每个人都成为独一无二的思维个体。这是外部因素如何影响我们的心智的理论。还有另外一个维度，就是看我们内在的基因会如何影响我们的心智。

这里我们要引入的，就是认知心理学和行为经济学了，它们的构建基础甚至在生物学层面。在心智方面，有一个核心假设是这样的：我们的大脑思考有多个系统。

这个听起来有点玄乎的理论假设，可不是什么地摊文学、民间科学的结论，它源于诺贝尔经济学奖得主丹尼尔·卡尼曼的理论。他的经典著作《思考，快与慢》的核心主线就是论述人类大脑系统1和系统2思维方式的不同。

要简单描述系统1和系统2的区别，记住这三句话就可以了：

- 系统1是无意识的、快速的思维方式；
- 系统2则需要注意力集中，做复杂的运算；
- 我们通常倾向于用系统1思考，遇到麻烦，系统2再出面解决。

这是人类大脑在进化过程中减少能量损耗、保护大脑的一种功能，在遇到复杂的认知推理或者需要做自我控制的任务时，血糖会下降。这种功能造成的结果就是，我们懒得对许多乍一看能有判断的事情做进一步思考，倾向于快速得出结论。比如，我们听到“非洲人”就会联想到“穷、黑人”，听到“明星出轨”就会联想到“道德败坏、品行低劣”等。做简单判断未必准确，但很少出错，一旦出错，我们可以用系统2的思考及时修正。

对于以下几个命题，你可以做一次逻辑推理，看看这个事实和客观分析后的结论是否一致：

- 如果股票代码比较朗朗上口，股票的回报率就会更高。
- 不管是来自哪里的格言，只要是简单句而不是复杂句，就更让人信服。
- 在葡萄酒价值的预测和医疗判断中，机器的判断比人的判断更准确。
- 哈定当选美国总统，是因为他更符合总统应该有的相貌特征。
- 美国小型企业能生存 5 年以上的概率是 35%，但 81% 的创始人认为他们的胜算超过 70%，甚至有 33% 的人认为失败概率为零。
- 90% 的司机相信自己的车技高于平均水平。
- 宣传海啸的画面很生动，所以会让游客大大高估发生海啸的可能性。

这些命题都是书中列举的真实案例，会有这样的结果，就是因为每个人都存在两套思考系统。由于系统 2 思考缺失而导致的“不理性”的思考方式，我们称之为认知偏误。

虽然认知偏误听起来不是个好词，但在许多问题上快速思考的确能够节约成本。更重要的是，从另一个视角看，作为产品设计者，我们服务的是用户，既然用户天然存在认知偏误，那么我们就没必要从是非的价值观上做判断，而要深入理解用户的认知偏误，这是每个产品经理和设计者的必修课。

接下来，就从我印象最深刻的一些认知偏误入手，讨论在认知用户和产品设计方面要关注的地方。

用户常见的认知偏误

损失厌恶

电商网站的优惠券营销方式已经与当初实体店例如肯德基等餐厅的优惠券方式有很大的不同。在过去，优惠券往往是难以获得的，我犹记得很多年前能拿到一张肯德基的优惠券，可以兴奋很久。如今，电商平台的优惠券，却像毫不值钱的废纸一样，随意发放，每个人手里都有不少用不完的优惠券。

这是不是意味着平台和商家变得更友好了，购物变得更实惠了呢？当然不是，优惠券对于平台和商家的价值发生了转变。优惠券成了很重要的营销工具，它的核心目的是让原本犹豫甚至没有消费意愿的消费者也来购买商品。

这个目的的达成，依靠的就是损失厌恶（loss aversion）。通过发放大量的优惠券，然后反复提醒消费者："要是再不赶快使用，你就损失了一大笔钱！"

损失规避 / 损失厌恶，由阿莫斯·特沃斯基与丹尼尔·卡尼曼提出，指的是当人面对同样量级的收益和损失时，会觉得损失更加难以忍受。科学家实验的结果是：损失带来的负效用为收益正效用的 2~2.5 倍。

丹尼尔·卡尼曼的实验如下。

第一组实验：被实验团体先行持有 1 000 单位的现金。在此基础上做出选择。

A. 50% 的概率将持有的现金增加至 2 000。

B. 100% 的概率将持有的现金增加至 1500。此实验中，被实验团体中 16% 的人选择了 A，84% 选择了 B。

第二组实验：同实验团体先行持有 2 000 单位的现金。在此基础上做出选择。

C. 50% 的概率损失 1 000 单位现金。

D. 100% 的概率损失 500 单位现金。此实验中，同实验团体中 69% 的人选择了 C，31% 选择了 D。

损失厌恶可以运用的领域非常多，在设置用户权益、做用户运营等方面还有许多可以借鉴的地方。了解了这个认知偏误，我们就知道，“赠送给你一张 200 元额度的优惠券”和“不领取优惠券将损失 200 元的优惠额度”，用户会对后者的表述方式更敏感，更容易受其影响。

说句题外话，原本由优惠券树立的价格歧视机制（肯德基通过发行难以获得的优惠券来筛选对价格敏感的消费者，他们会拿优惠券来购物；而价格不敏感的消费者会直接购买），在电商平台新的营销体系里照样存在，我们在“双 11”面临的诸多根本搞不清楚的庞大优惠规则和机制，其实也是在筛选对价格敏感和不敏感的消费者。

框架效应

众所周知，要做一个好的金融理财产品，如何向用户表达清楚理财收益是最重要的工作之一。哪怕在不说谎的前提下，也有许多花样来表达逻辑上其实相同的一件事。

接下来要说的是框架效应（framing effect），也是由阿莫斯·特沃斯基与丹尼尔·卡尼曼提出的。面对同一个问题，在使用不同的描述后，人们会选择乍听之下比较有利或者更顺耳的描述。框架效应的基础正是损失厌恶。

下面有一个经典案例。

情形一：美国即将爆发一种不寻常的疾病，预计疾病会侵袭 600 人。设想你有权在两个治疗方案中做选择。

方案 A：你能拯救 200 人。

方案 B：1/3 的可能性拯救 600 人，2/3 的可能性一个人也救不了。

情形二：美国即将爆发一种不寻常的疾病，预计疾病会侵袭 600 人。设想你有权在两个治疗方案中做选择。

方案 A：400 人会死。

方案 B：2/3 的可能性 600 人会死，1/3 的可能性一个人都不会死。

大多数人会在情形一中选择 A，在情形二中选择 B，但实际上你会发现，两个情形中的方案是一模一样的。

框架效应可以运用的地方也有许多。比如，在吸引用户选择一套你有预设倾向的方案时，就可以用更加顺耳的说法来表达。在损失会比较大的时候，强调收益，在损失比较小的时候，强调损失，可以让用户更认同。当然，这里提到的只是如何描述同样的事情，而是否要隐瞒一些不利于用户的信息，就不是框架效应要解决的问题了，这是由产品设计者的价值观决定的。

另外，我们了解了框架效应后，也要识破许多数据分析上的漏洞。一些精明又熟悉数据的分析师会给我们呈现更加有利的一面，如果不能摒弃我们自身作为人类固有的一些非理性偏见，就很可能被精心设计的数据结论误导。

锚定效应

一个电饭煲商家有三款产品，它们的价格分别是 130 元、440

元和 390 元，具备的功能数量是 3、9 和 8。上架一段时间后，销量分别是 1 200、890 和 200 000。如果你是一个理性的卖家，会怎么看待这件事？是不是应该把 A 和 B 下架，并停止生产，节省生产新型号产品的额外成本？

我们不妨先想想假如自己是消费者，会发生什么。

我们是对电饭煲没有太多概念的消费者，听说这个品牌很不错，于是来选择一款。当先看到型号 A 时，我们会想：这个比起另外两个有点太便宜了吧，功能也少了很多，看来质量肯定很差，于是很快就不考虑 A 了。

型号 B 和型号 C 看似功能差别不大，C 比 B 只是少了一个功能，但价格好像还差不少。我们仔细阅读了 C 缺少的那个功能简介，感觉也没有太大用途，没必要为了这个鸡肋功能多花 50 元，于是我们把注意力放在了 C 上。

C 比 A 功能强大，比 B 物美价廉，那还等什么呢？下单呗。

这样模仿一遍，可能你也会有感触了：A 和 B 的销量很小，并不重要，它们就是放在 C 的旁边，作为一个重要的锚定物的。A 用来锚定 C 的质量好，B 用来锚定 C 物美价廉。最终用户在卖家的这种锚定路径影响下，购买了 C，反而会觉得这是自己充满理性的决策。整个过程中，对 C 的 8 个功能是否值 390 元，你其实想得很少。

这就是运用广泛的锚定效应（anchoring effect），同样是由阿莫斯·特沃斯基与丹尼尔·卡尼曼进行观察，并加以理论化的。可锚定的通常都是价格，有时还会有例子中提到的功能、质量等。总之，一旦你建立了初始锚定认知，后面的认知就会基于这个初始参考物来做判断。

有几个非常简单的例子，可以说明锚定效应的威力。

- 测试对象在 5 秒内计算 1 × 2 × 3 × 4 × 5 × 6 × 7 × 8 或 8 × 7 × 6 × 5 × 4 × 3 × 2 × 1 。由于测试对象没有足够的时间计算，所以只能尝试估计答案。由小数字开始的测试对象估计是 512，由大数字开始的测试对象估计是 2 250（正确答案是 40 320）。
- 一款新饮料，在超市里被摆放到可口可乐和百事可乐中间，哪怕价格很高，也能被消费者接受。反之，如果把它跟价格很低的饮料摆在一起，哪怕也很便宜、性价比超群，也很难被消费者接受，
- 询问“乌克兰人口有两亿吗”的答案，平均值是 1.75 亿。询问“乌克兰人口有 500 万吗”的答案，平均值是 1 000 万。

锚定效应的运用极其广泛，不仅可以用在价格方面，还可以用来管理用户的预期。例如，你的产品提供送餐服务，如果你刚开始告诉用户预计 30 分钟送到，而 25 分钟就送到了，跟你告诉用户预计 20 分钟送到，结果 25 分钟才送到，用户的感知差别会非常大。在后一种情况里，用户会很不满意，哪怕你反复强调是预计的时间，并不是承诺的时间，也没有用。用户会把最开始得到的信息作为固

定的锚点，你后面的任何行为，都会基于这个锚点被用户评价。

网约车行业里，司机对平台的抱怨由来已久，其中最不满的因素是收入太低。然而对比网约车司机与出租车司机、货车司机的平均时薪，会发现他们在司机群体中已经位居前列。如今抱怨的问题，更多还是补贴大战的遗留问题。在之前高补贴拉司机的大环境里，网约车司机已经对平台收入有了极高的预期（甚至许多白领都下海做司机），当整体市场回归正常之后，自然就不能接受当下的收入了。

在用户认知价值的过程中，锚定效应是最关键的因素。后面论述用户价值时，会详细展开。

注意力偏误

做过一段产品后，我认识到，哪怕你在产品上的文字说明写得再清晰，用户总有发现不了的情况。这倒不是某些用户比较懒惰，我们每个人都是这样的，产品本质上还是工具，我们的目标很清晰，就是用工具实现我们的目的。在这个过程中，许多次要因素对我们都不重要，我们也根本关注不到，这就是注意力偏误（attentional bias）。

我们要用淘宝购买一个确定型号的键盘，打开 App 后，我们第一时间就要找搜索栏，然后输入型号，从结果列表里选择我们最喜欢的。这个过程中，我们通常不关心 App 一共有几个 TAB 页（标签页），也不关心首页上摆放了哪些东西。对于无关信息的不关注程度，其实超乎我们的想象。认知心理学把这个现象称为“看不见的黑猩猩现象”，指的是当测试对象观看一个主要内容是几个白衣工作人员传球并计数传球次数时，大部分人居然没有看到一只黑猩猩从工作人员背后经过（国内也有网友做了类似的实验，视频供参考：https://www.bilibili.com/video/av33469294）。

滴滴司机经常会遇到一个问题：当决定回家时，由于上一单的终点在闹市区，因此结束订单时，很容易被派一个新订单，导致没有办法回家。实际上，在结束上一单的结束页面左下方，有一个很明显的“休息”按钮。也就是说，司机在上一单结束时不想接单是完全可以人工操作的。这个功能，绝大多数司机在我们反复宣传和提醒之后，居然还是不知道。甚至之前连我身边的一些同事都并不知道这个功能，还来质问我为什么体验特别差。回顾反思，主要原因还是司机每天都接很多订单，每次的操作流程就是点击那个最明显的橙色按钮进入下一步。就像刚刚提到的“黑猩猩现象”，他们只关注橙色按钮在哪儿，然后就点击了，其他信息就变成了“黑猩猩”，导致他们哪怕每天都在使用司机端，却不知道存在一个“休息”按钮。

另外一个很典型的“黑猩猩现象”，在互联网时代我觉得可以称为“用户协议现象”。我们在注册每个 App 时都会有一个同意协议的过程，有的是阻断式的，要求我们必须阅读才能进入下一步，还有的只是勾选，是否阅读是可选的。不过不管是否阻断，几乎没有人看用户协议。这种大段的文字，用户都是视而不见的，因为对用户来说，它并不是当下关注的重点。

“用户协议现象”延伸出的问题是，用户对大段文字、字体比较小的描述，也往往视而不见。在做一个订单量千万级的平台产品之前，我根本不敢想象，很多人打客服电话咨询 App 上写得清清楚楚的内容。至于用户为什么还是要打客服电话询问，的确有一些是懒得翻手机，但绝大多数都是压根儿不知道产品上有这个问题的答案。

当意识到这个问题后，我在做决策时，几乎不会考虑“用户认真阅读小字”这种场景，如果依赖这种场景做功能，结果肯定会引发各种异常，用户会大量投诉。于是，要么就是重要信息突出显示，要么就是更重要的信息阻断式显示，小字只能给有仔细计算和研究需求的用户作为辅助了。

结合“黑猩猩现象”，我总结了几条设计原则：

- 主线流程之外的信息和功能，要默认用户不了解；
- 大段的文字和小字体的文字，也要默认用户不会阅读；
- 有重要的流程步骤、信息传递，就需要更突出，或者阻断式提醒。

主观验证、证实偏见和逆火效应

在做了美甲师、外卖骑手和司机群体的产品之后，我觉得最有趣的一件事，就是会收集到许多坊间传闻。这些传闻在我们看来很荒谬，但在人们的口口相传里，非常斩钉截铁。

比如能不能接到更多的订单，是他们最关心的事情。关于怎么接到订单的传闻就有以下这些：

- 如果没有订单，反复开关蓝牙，就能接到订单；
- 如果没有订单，就打客服电话骂客服，骂完就有了订单；
- 如果没有订单，就重启一下 App，然后就能有订单。

他们在知道我是产品经理之后，甚至会偶尔打电话或发微信，让我派单。还有许多关于平台策略的传闻，有时听起来跟各朝各代那些逸闻野史一样传奇，这是为什么呢？

第一，前面提到的这些用户的确很少了解科技产品的原理，并不熟悉派单系统是如何运作的，于是会有许多猜想，这些猜想是符合他们的"个性心智"的，受环境影响。第二，他们主观上会做一个假设，这是我们倾向于用系统 1 来思考问题导致的，这个假设会偏向一种简单的可以解决的逻辑。第三，就引出我们本节要讨论的问题了：用户在有了主观判断后，收集的各种信息，都会经过处理补充进这个判断，这会加重和坐实自己之前的判断。

这时，可能会发生以下三个偏误。

第一，主观验证（subjective validation）。一个人如果认为某个观点或者判断特别重要，会主观上把许多无关的信息作为支持这一观点的论据。

主观验证经常和星座与一系列心理测试联系在一起，当你认定测试结果会对自己有帮助，或者比较相信“专家”和“科学”给的结论时，就会潜移默化地将这些实际上未必有关联的信息附加到自己身上。

如果外卖骑手或者司机认为系统派单与开关蓝牙相关，就会主观上对与蓝牙相关的信息非常敏感。身边一旦有关于蓝牙的只言片语，哪怕不是特别相关，也会在他们心中加重对自己观点的支持。

第二，证实偏见（confirmation bias）。当有了一个假设后，我们会偏好能够验证假设的信息，而不是那些否定假设的信息。

当外卖骑手或者司机听说，有人通过开关蓝牙来接单并不起作用时，他们不会认为这个就否定了自己的假设，而是认为操作方法可能有误，甚至这是条假信息。从另一个视角看，也由于外卖骑手或者司机需要更多比较确信的假设来让自己在接不到单时有事可做，可以尝试解决办法，因此也更偏向相信假设信息。

第三，逆火效应（backfire effect）。这是一种更严重的证实偏见，即当假设被相反的信息否定后，我们反而更加深信自己原本的假设。

人的思考方式里有根深蒂固的叛逆性，尤其在缺乏自我批判的习惯时，会对外部反对自己想法的声音持有敌意，对方越是急切说服你，你越是认为他说的是假的。

外卖骑手或者司机听到其他用户、客服或者平台官方提供的证实他们的猜想是错误的信息后，有不少人反而会觉得“他们都是不清楚真相的”或者“官方的辟谣肯定心里有鬼”，继而更加深信自己的猜测是正确的。

这些偏见会导致当我们想扭转用户的固定心智（包括观点、判断、假设等）时，要传递信息非常困难。意识到这些困难，并且设法解决，也是作为产品经理和设计者要考虑的。假定用户会全盘接受所有的信息，或者假定用户很容易被说服，都是有问题的。

概率思维与 0/1 思维

假设我们产品的一个功能，有 95% 的概率不会出问题，这是一个好功能吗？在一些限定条件下，我们会认为这是一个好功能，比如是预测消费者即将买什么商品的功能，或者判断用户病症的通用逻辑，准确率已经非常高了。

但是对于用户来说，这是一个好功能吗？未必。因为对于用户来说，他并不是从整个平台视角理解产品的，而且关键在于，他遭遇到的并不存在 95% 这个数字，对于他来说，只有 0 和 1，只有正确和错误。

因此这要看 0/1 思维在用户使用产品时，会是怎样的需求和场景。更重要的是，一旦失败，造成的后果如何。比如我们是一个搜索引擎平台，提供医疗广告信息，那么对于一些患重大疾病的用户，我们平台的广告就是决定他们生死的因素，不能儿戏。这时候，概率视角下哪怕我们做到 99% 的准确性也不一定够，因为用户如果以亿计数，1% 的用户就意味着几百万人可能会受错误的广告误导。如果我们是一个即时通信工具，发送信息失败的概率可能是 1%，失败之后我们可以重新发送，这种成本就是相对可接受的。

这是我基于一系列关于概率的认知偏误总结出的。严格来说，这些不能算是用户或者我们的认知偏误，应该说是我们与用户视角认知有很大不同，不能单纯拿我们的概率思维逻辑来认知用户的心智。曾经服务过美甲师群体、外卖员群体和司机群体的我，对此印象深刻，用户在我们的数据库里，是一个个数字，但每次我们施加的影响，落在他们身上，都是有关他们能不能很好地在平台上通过劳动获取收入的重要问题，从细枝末节的文案到一个核心的策略变化，背后影响的都是几百万甚至上千万个家庭。

要牢记：我们做功能时用的是概率思维，而对用户来说，只是 0 和 1 的关系。

知识的诅咒

在概率思维与 0/1 思维背后，还有一个波及范围更大的偏误，也就是知识的诅咒（curse of knowledge），这个像是从《哈利·波特》里走出的名词，其实很好地形容了偏误的要点：知道得越多，反而越容易做不好。

这个偏误来自斯坦福大学心理学博士论文中的一个实验：把测

试对象分成两组，给A组的学生一个清单，都是一些大家耳熟能详的儿歌。A组学生要做的事情就是拍桌子，在桌子上把这个节奏给打出来，然后让B组的测试对象猜他们敲打的节奏到底是什么歌。对于B组的测试对象来说，这个猜的过程并不容易，120首歌，B组仅猜出了3首。从概率上来说，只有2.5%，但A组的学生认为B组能猜中一半，也就是50%。

这个实验非常精确地描述了知识的诅咒现象：我们了解的知识越多，就越会丧失在不了解的视角看问题的能力。在产品决策中，避免这个现象至关重要。

前面的注意力偏误引起的问题，就是一个典型例子。用户由于注意力偏误并没有了解到在订单结束页面其实是可以停止接单（收车）的，但我们设计产品的时候以为所有用户都已经知道这个功能了，假设用户跟我们一样，对产品非常了解。当我们看到数据显示许多司机经常取消订单时，不会意识到是司机并不知道有在结束订单时休息的功能，他们着急回家，只好取消订单，而会认为出现了其他问题，这样最终的推理决策都会有问题。

在产品方面，我们作为产品经理可谓"全知"的存在。虽然我们知道产品的各种细节、存在什么功能、有哪些策略，但我们做任何功能，都要假设用户的信息是缺失的和不完整的，而且缺失和不完整的部分也经常不一样。这其实极其困难，困难到真的会觉得像诅咒一般痛苦。有时用户缺失的信息让人震惊：有很多司机并不知道每天有什么奖励活动，不知道在平台上可以购买保险；有很多乘客其实也不知道可以买优惠套餐出行，这样更加便宜；等等。在真正发现问题之前，我们还会下意识地以为这些司机和乘客对活动和策略不满意。

摆脱知识的诅咒的第一步，就是先意识到自己是“全知”的，而用户的认知程度参差不齐。有许多产品经理认为，只要同理心足够强，那么用户想什么就都知道了。同理心当然非常重要，但要真正认识到用户的想法，要体验他们的视角，并不是仅有同理心就能搞定，用户会从什么视角认知，在摆脱知识的诅咒之前，很难意识到。这就只能依靠频繁地与用户沟通，获取用户的想法来保障了。

峰终定律

峰终定律（peak-end rule）也是丹尼尔·卡尼曼提出的经典理论，经常运用在服务业。这个定律的核心结论是：高峰（不管是正向，还是负向）时与结束时的两个感觉，是未来最容易让人回忆起的体验。

映射到产品和用户，也就是说，不管整体流程如何，用户使用产品后对产品评价优劣，往往源自他在最高峰期间的体验如何，以及在结束时的体验如何。

我们拿打车出行为例，整个过程有很多与产品的触点，主要的有输入地址、叫车、等车、上车、行程中、下车、支付。在这些过程中，最高峰的体验如果是冬天寒冷气温下等待时间太久，那么这就会形成用户的固有印象。又或者在车上与司机发生一些纠纷和不愉快，也会让用户留下很差的印象。当然如果碰到一个很不错的司机，服务体验很好，乘客也会留下很不错的印象。这些印象作为峰值体验，与下车时和支付时的结束体验，会抹除其他体验记忆，最终形成用户的固有印象。可想而知，在出行中如果有比较坏的体验，会比内容资讯、娱乐这些产品更容易让用户印象深刻，而一旦服务有疏漏，最终用户的峰终体验就会很差，对出行服务的印象自然会很差。

宜家效应

用户在判断价值时，会受一些特定要素影响，做出未必理性的价值判断。前文提到的锚定效应是一种，而宜家效应是另外一种，它会让人高估自己劳动带来的价值。

宜家效应（IKEA effect）是由一位行为经济学家、《怪诞行为学》的作者丹·艾瑞里提出的。听名字就能判断出，这指的是宜家家居生产的那些常见的需要用户自己组装的产品。

“高估自己劳动所得”在许多产品和营销策略中会有不少帮助，例如，通过完成一些小游戏让用户感觉到“这些奖品是我自己赢得的”，于是特别珍视。如果奖品是优惠券，那用户会更倾向于在截止日期之前用掉，因为他们会高估奖品的价值。

另外，宜家效应还能提醒我们：对于用户花费时间和精力得到的权益或者虚拟物品，在做削弱它们或者导致它们贬值的事情时，要特别谨慎。比如在产品内有个会员体系，用户通过简单的打卡和完成任务来升级，这时要做调整，取消会员权益，哪怕是权益并不多，哪怕可以补偿一些现金，用户也会强烈反对，因为在他们的认知里，付出了这么多的劳动不能白费，哪怕换算下来实际的价值并不高。

间隔效应和延迟效应

一个网络游戏的产品设计者在新版本里加入了新的战斗机制，这个机制略有一些复杂，需要玩家去学习。对于这个学习策略，设计者提出了以下几种方案（假设分阶段学习不影响游戏体验），你觉得哪种方案的效果会最好？

- 给出一次性完整的教程，要求用户一次学完，早学完早省心；
- 给出阶段性的教程，不过要在三天内集中学习；
- 给出阶段性的教程，不过可以用 10 天时间慢慢学习。

在这个例子中，可以运用两个心理学效应。一个是间隔效应（spacing effect），即比起无间隔的重复接触，有间隔的重复接触会有更好的记忆和学习效果。这个效应大家应该不陌生，我们从小到大的应试教育，都是间歇性地记忆、做测试，而不是一股脑儿学完。另一个效应是延迟效应（lag effect），即比起短延迟时间的多次重复接触，长延迟时间的少次接触有较好的记忆与学习效果。也就是说，延迟时间更长，更有利于学习记忆。

这类考虑在复杂业务的产品中很常见，例如我之前负责过的外卖骑手和司机方向的产品，它们有许多服务规则和接单流程需要用户学习，用哪种学习教育策略，至关重要。

几条关于用户心智的建议

认知偏误作为行为经济学、认知心理学的核心概念，成为我们认识用户心智最重要的钥匙，结合外部要素影响的社会心智，最终影响了每个人看待世界和如何行动的方式和方法。

提到认知偏误，还要提到一本书——《超越智商》。这本书的作者基思·斯坦诺维奇其实是系统 1 和系统 2 理论的首创者，不过丹尼尔·卡尼曼把他的理论发扬光大，建立了更成体系的学术理论。这本书从更基础和更专业的视角论述了大脑思维的差异，深入理解了这本书，也就掌握了认知行为心智更基础的形成背景和要素，能对认知行为心智有更深入的理解。

同时，也推荐阅读维基百科的“认知偏误列表”，这里有一份国内的复制版本供参考（https://www.jianshu.com/p/57c30f211734）。

最后简单提一下，基于上述的用户心智，我们应该怎么更好地认知和判断呢？我有以下几条建议。

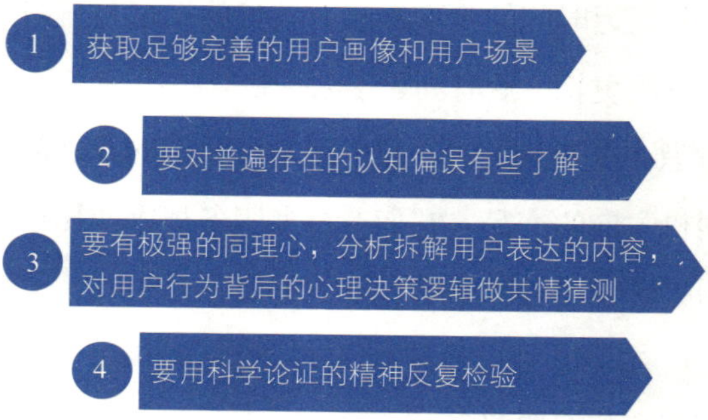

- 获取足够完善的用户画像和用户场景。用户画像和用户场景不仅可以直接拿来为我们的产品决策做参考，也可以帮助我们更好地认知用户的心智是什么样的，建立对自己用户心智的认知模型。
- 要对普遍存在的认知偏误有些了解。认知偏误有不少是根植在我们作为生物的基因中的，理解这些“非理性”要素，才能让我们从表面的猜测中抽身出来。就像上文提到的例子，我们倘若一味责怪有的用户不去阅读小字，或者有的用户不主动理解我们，这是没有意义的。清楚他们背后的动机，再做判断，然后把握用户，才能更有效。
- 要有极强的同理心。除了整合客观信息，有时候产品经理和设计者还要对用户表达的内容做分析拆解，对用户行为背后的心理决策逻辑做共情猜测，才能知道真相。人是复杂的动物，言语背后是想法，想法背后又是复杂的意识，没有同理心很难捕获对方内心的想法。

- 要用科学论证的精神反复检验。哪怕是诺贝尔经济学奖得主的理论，也不会是四海皆准的，或者说所有科学理论都是有可证伪的特征的，也有诸多适用范围和约束条件，不能盲目相信。每个人负责的产品都有不同的用户，这些用户身上的心智法则是怎样的，他们的 F 函数是什么，需要我们自己去发掘。发掘的工具就是科学方法论，这一点我们在本书最后讨论。

我和老张的讨论

老　张：感觉用户心智其实就是用户画像，只不过描述的是一些固有的心理和价值观等。

刘　飞：没错，这么讲也可以。不过用户心智是更深层次的发掘，去探索用户一些言行背后更本质的原因。越本质的东西通常越准确，也越有复用性。比如有许多用户心智的通用特点，就是我经历了很多用户群体才感知到的，像概率思维和 0/1 思维。

老　张：那么问题来了，道理我都懂，可是假如我要成为一个认知用户心智的专家，就要读很多书，让自己变成社会学专家和认知心理专家吗？你总结的这些认知偏误只是常见的，要全部掌握得花些日子吧？费那么大劲儿，最终用得上吗？

刘　飞：问得很好。用户心智的认知，我在本章给出的关键还是理念，不是完整的方法论。我试图告诉读者，用户处于社会环境中，存在社会心智，我们要把他们当成社会中的节点。另外，用户还存在许多认知方面的偏误，我们要时刻警惕。当有了这种意识之后，需要建立的是初步的知识框架，就是“我的用户通常有怎样的社会心智和认知行为心智”，而不是大而全的“全人类通常有怎样的社会心智和认知行为心智”，后者是科学家研究的，我们要学习理解的是前者。

另外，不清楚用户心智未必就完全无法做用户认知，粗浅的、表面的认知也能帮我们做产品决策。用户心智可以让决策更加准确，这属于锦上添花，而非雪中送炭，因此肯定不是成为产品经理或者设计师、决策者的必要条件。

只是，产品决策者在一个产品乃至一个企业中的价值，会通过决策能力体现，能够认知用户到什么程度，也间接决定了产品决策者的层次和水平。

小作业

（试着阅读下列文字，回答问题）

其实，印度可能是和中国最相似的一个大市场。为什么这么说呢？你看中国和印度有非常多的相似点，两国都是文明古国，历史极其悠久，人口众多，历史上又都被西方人侵略；目前，两国都不够发达，相对没有那么富有，对西方的文化和生活都有一定向往。在这个大背景之下，两国市场的很多消费者心理可能是类似的，比如年轻人多，竞争就业压力大，小朋友的教育都受到极度重视，课业负担重，国民心理缺乏安全感等。这些东西反映到互联网的产品设计上也会有相似的体现。

——小米印度产品负责人齐云飞
职人社《探秘印度互联网》

在社会心智层面，中国人和印度人有哪些相似的地方？又有哪些不同的地方？

第五章　找到真实有效的需求点

对于许多产品经理和创业者来说，都是言产品必提需求。前文我也提到过，产品思维的核心就是用户和迭代，而用户思维的主要目的就是认知用户，以充分了解他的需求，弄清楚产品的价值，从而有效地做出受欢迎的产品。我们探讨了这么多用户画像、群体、场景、心智，无非就是要对用户需求有更深的认知，而对用户需求的理解则是认知用户的最后一步。

其实有不少人对于用户需求的理解十分粗浅，令人咋舌。我在咨询平台接受许多创业者或者想创业的行外人咨询，他们对需求的理解通常都有许多常识性的误解。

有朋友说，他想出了一个精彩的点子。我问点子是怎么得出来的，他说是跟身边的亲戚朋友花了一个下午头脑风暴想到的，认为这个点子是人们的一个痛点，是真实的用户需求。

有朋友说，他想到了一个非常有效的婚恋配对方法，能解决许多人的问题。我问这个方法有没有经过验证，他的回答是，他问过许多人，这些人都认为这个方法能解决自己找不到对象的问题。

有朋友说，他搜集了上百个用户在使用手机过程中的意见和抱怨，于是做了总结。依据这样的一个清单做出来的手机，肯定能在市场上所向披靡。

这些例子都存在哪些对需求认知的问题呢？先不给出答案。我们先探讨下需求到底是什么，以及需要遵从哪些原则。

我总结了 7 条原则，我们逐一讲解。

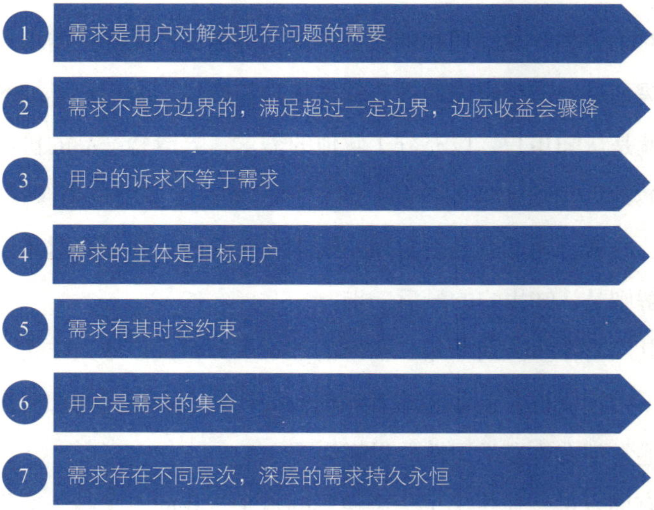

需求是用户对解决现存问题的需要

第一条原则要点题，就是需求的定义。需求的定义在网上有很多，人们从很多维度理解需求。比如，有人把需求称作“痛点”“痒点”等，这种主观感性的词语不利于我们理解需求，会让大量初学者误会需求。有人会把需求与社会学、心理学的需求挂钩，用马斯洛需求理论来定义需求，这也会剑走偏锋，强调不了重点。社会学科的需求理论是用来帮助我们理解用户和需求的，但很难定义在产品领域到底什么是需求。

我对产品领域里需求的定义是这样的：用户对解决现存问题的需要。

假如我们在进行一场辩论赛，第一步当然就是拆解题目了。题目里的每个词语，都需要做简单注释。

首先是“用户”，在前文的第一个例子中，拿七大姑八大姨作为用户的人还有很多，他们并没有意识到产品面对的用户人群差异非常大，在亲戚朋友中获取的信息通常都是有失偏颇的（以及会考虑到不打击你的积极性，违心表达）。了解真正的用户在哪里，他们是谁，特别重要，这个在前文花了不少篇幅强调过。我们的需求只能源于我们想获得的这些用户，同时我们也要对这些用户需求进行抽象。这样的需求才有价值。我们会在第四个原则中展开论述。

其次是“现存”。这里要着重提醒，并非是想象中的所有需求都有可能被用户买账，我们做的不是50年后的产品，不是100年后的产品，更不是科幻故事里的产品，再炫酷，再有趣，不能解决现在的需求，也没有意义。

有朋友会说，那乔布斯开创的智能手机时代呢？对 iPhone 的需求可不是现存的，对移动互联网的需求也不是现存的，它们怎么就能让用户买账呢？

这是个非常好的问题，有这种想法本质上仍然是对需求的定义理解不足。我们提到了需求是“需要解决的问题”，而不是“某一个产品”。在这个问题中，用户需要的并不是“某一个产品”，比如智能手机，用户需要的是“解决我的问题”。这个问题包括快速获取和分享信息、移动办公、碎片时间的娱乐…… 这些问题在功能机时代无法得到有效解决，但 iPhone 能够有效解决。这是乔布斯对用户需求的现状有了天才般认知后设计出的产品，恰恰不是凭借对未来的想象创造的产品。

我们经常说，需求不是创造出来的，用户要解决的问题也不是创造出来的，就是这个道理。有不少人认为“用户应该 ×××”“他们需要 ×××”，它们在可预见的未来内有可能发生，但只要用户还没有遇到这些问题，还没有面临解决问题的境况，用户就不需要这个产品，最后，这个产品难逃被淘汰的命运。

苹果的另一款产品牛顿就是如此，同样出自苹果的手笔，这款在目前来看仍然很优质的产品在当时就没有满足用户的需求，从糟糕的手写识别到很慢的数据传输速度，最终无法解决用户提升效率的需求，成为苹果历史上最失败的产品之一。

再次是“问题”。问题不分大小，不分场景，只要是用户需要解决的问题，就是需求。这里就可以运用“痛点”“痒点”或者马斯洛模型等作为参考，它们可以协助我们定义问题的大小，即严重程度。

平时要出门，打不到车是痛点，需要更高效的约车平台，这是痛点，而打到车之后口渴，需要车上有一瓶水，这是痒点。先满足哪个需求，再满足哪个需求，要视问题大小而定。先区分是不是问题，再区分是多大的问题。

最后是“需要解决的”。有许多问题并不需要解决，有的源于我们对用户认知的不足，比如我们认为凡是胖子都应该减肥，但肯定有许多胖子会觉得这不是他们的问题；又或者我们发现单身青年特别多，于是就觉得婚恋产品肯定有市场，却没发现越来越多的人觉得单身挺好的，成了不婚主义者。这些都属于我们强加给用户的需求，不是真实需求。

一些问题源于用户个人能力所限，也会认为暂时不需要解决。比如还在攒钱还房贷、平时工作很辛苦的上班族，他会有娱乐需求吗？他是不是也需要一个豪华家庭影院来放松？存在需要放松这个问题，不过对于他来说，是不是当前就要解决，可能就不确定了。由于经济能力所限，他可能会觉得这是 10 年后要考虑解决的问题，现在将就一点，玩玩手机就可以了，这时家庭影院就不是他的需求。

对于用户来说，我们发现他们的问题，并不难，但问题是客观的，需要解决是主观的。我们只看到了问题，却不考察用户是否需要解决问题，同样会偏离真相。怎么获取用户的主观想法呢？当然要借用我们前文所说的用户心智，我们要看他是什么样的人、在过着什么样的生活。

如此，理解了“用户对解决现存问题的需要”这句话，想必就能更准确地判断到底什么是我们需要关注的用户需求了。

需求不是无边界的

需求是当下要解决的问题，不是随时都需要解决的问题，与此同时，需求也不是无限制需要满足的。超过一定的边界后，用户的边际收益会骤降，甚至降到零（也就是没有意义了）。

试想我们在使用搜索引擎寻找关于某个人的资讯，只要准确度够的话，可能前 10 篇新闻就能满足我们了。这时候搜索引擎具体是搜出 100 篇，还是 10 000 篇对我们的意义不大。或者从另一个维度看，准确率能够做到足够高，比如首页的点击率都已经到 99% 了，再提升准确率的价值，无非就是看用户点同一页上面的还是下面的一个网址，体验差别很小。

对于外卖平台而言，用户最关心的是餐品完善程度和送达时间。对于前者来说，假如用户喜欢吃汉堡，那么 3~5 种汉堡店也许就能满足这方面的需求了，提供 200 家汉堡店根本没有意义；对于后者来说，用户满意的送达时间如果是 20 分钟，那么从 40 分钟做到 20 分钟和从 20 分钟做到 10 分钟，对用户的价值显然是不同的。

绝大多数情况下，越过这个满意的边界，用户的满意度不会一点儿都不变，但变化程度会非常小。无限制地满足用户需求的价值会变小，我们可以称这个边界点为“用户体验边界”。关于这一点，我们在下文的“用户体验”部分会详细论述。

用户的诉求不等于需求

国内产品领域被误解最多的一句话应该是“人人都是产品经理”，而排第二名的可能就是乔布斯的那句“人们不知道他们想要什么，直到你把产品拿给他们”。

这句话本身的含义价值极大，它讲的道理有三个：

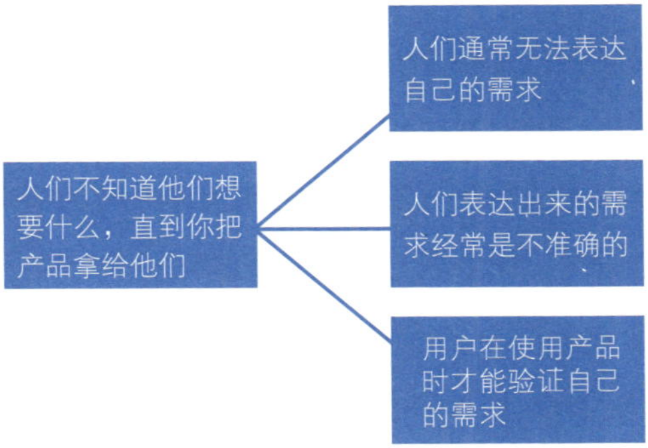

我们先不讲被误解的部分，先分析一下这三个道理。

人们通常无法表达自己的需求，是由于并非每个人都是抽象问题的专家，但大多数人的需求和“要解决的问题”都是需要抽象和梳理的。例如，“用户需要的不是马，而是更快的交通工具”，所以需求是交通工具。

大多数人在没有掌握或者没有刻意使用抽象和分析能力时，对于许多事情的认知都是很粗浅的。比如对于搜索引擎的使用体验，我们在平时不会总结搜索体验究竟如何定义，若是问一些用户如何定义搜索引擎体验，他们也许会说界面更好看、信息排版更舒适等。

这时候如果刻意做抽象，才能意识到用户会在翻了许多页之后仍然没有找到想要的结果而烦躁，因此前几页的点击量就代表是否能更快速、准确地找到结果，这是需求和体验的抽象。让用户来回答，是强人所难。国外某成人网站在定义视频质量时，用的是播放该视频时离开网站的用户数量，这被许多人称为天才式的产品设计。你也不妨站在认知用户的专家的视角，想一想这是为什么。

反过来说，这就是“人们表达出来的需求经常是不准确的”的原因。人们其实无法准确表达在真正使用产品时的需求，往往都是直接给出一个解决方案，而这不是他们背后的需求，比如用户不会要求“更快的交通工具”，而会要求“更快的马”。

我做后台产品，在与运营同事对接时，经常会收到一些需求，比如“在某个界面增加一个筛选项”或者“做一个导出 Excel 的功能”。他们有时会直接把产品方案画个八九不离十，提供给我。这倒不是要打击运营同事的积极性或者认为他们越俎代庖，但是他们作为运营后台的用户，通常给出的建议都是直觉上的解决方案，而不是背后的需求。这些解决方案一般都会缺乏梳理分析，未必是最好的实现方法，甚至未必有效。比如，单纯增加一个筛选项很简单，可是如果筛选项变多，在做选择的时候效率就会降低。这时，可能额外增加一个独立的界面效率会更高，这是他们无法判断的。

当我们做用户调研时，用户难以像在实际场景里那样切身体会和推理出准确的结论，大部分原因就是前文提到的认知偏见，用户不是完全理性的人。比如我们问“假如产品增加某功能，您觉得好不好”，用户会根据“这是不是好事”来评判，很少会认为这个功能不好。但产品真正上线后，这个功能会覆盖多少真实场景，用户有多大的概率会认可这个功能，跟调研结果的差别会很大。

所以这是认知用户的专家存在的意义，也是产品经理的一个核心价值。产品经理始终是离用户最近的人，他们能了解用户真实的想法，甚至比用户自己更清楚。

怎么验证用户不知道自己想要什么呢？唯一的验证方法就是让用户使用产品。本章开始提到的例子里，跟亲朋好友收集的需求很可能是伪需求。我遇到过许多朋友的实例，就是产品真的生产出来了，原本承诺会使用的亲朋好友只是礼貌性地试用了一下，很少有能坚持下去的。

产品经理或者设计者要判断用户需求，只有两种方法：要么是特别有经验且足够自信，也有极高的天赋，用行业经验和同理心捕捉用户需求，比如乔布斯、张小龙这样的产品界大佬；要么只能投入市场测试用户使用产品的情况。坦白说，大多数人并不具备较高的天赋，有不少人也不具备很成熟的行业经验，因此更需要用投入市场的方式快速验证，这也是迭代思维的价值，我会在后文展开论述。

实际上，很多人不仅以为“用户知道自己想要什么”，也以为自己知道用户需要什么，结果把产品做得非常完善和冗杂，其实在真实需求上没有打动用户，结局惨淡。2013—2015年，是国内创业最火爆的时期，大量的创业者都在犯这样的错误，没有脚踏实地验证用户的需求，而是听信了用户调研报告或者自己的主观臆断。

以上是“人们不知道他们想要什么，直到你把产品拿给他们”的解读。那么许多人会怎么误解这句话呢？他们认为这句话的核心含义是：既然用户自己都不知道自己的需求，那就不需要认知用户需求了。

在这些人的理解里，需求全都是猜想出来的，碰巧被用户特别喜欢，于是就成了风口，产品就成功了。汽车是猜想出的，飞机是猜想出的，QQ是猜想出的，淘宝是猜想出的，全凭创业者一个精彩的创意再加上极佳的运气……

这是一种很有代表性的误读，它对许多产品经理的负面影响远比这句话正向的意义大。前文已经提到，智能手机也许是非常创新的产品，在需求获取方面，乔布斯和苹果团队也许没有做大量的问卷调研，问大家是不是需要这样一款手机（调研结果很有可能也是不需要），但这并不代表乔布斯和苹果团队不理解用户需求，没有掌握用户需求。理解用户需求和有没有做用户调研是两码事。

去掉繁杂的键盘，提供方便操作的触屏，塞进电脑级别的计算能力，提供多任务处理的系统，让通信功能退居二线，提供更强大的通信和娱乐模块……这些背后代表的都是对用户需求极深入的洞察，用户需要的就是让生活更高效、更有趣，智能手机做到了这一点，这是乔布斯和苹果团队预知到的。

相反，许多产品设计者表面上与用户和谐相处、其乐融融，却对用户需求没有足够深入的理解。同样是做手机的老牌公司，诺基亚和摩托罗拉，就由于惯性始终认为智能手机是伪需求，看不到用户更多的需求，依然押注在“让信号变得更好”和“让手机更坚硬、更不易损坏”上。结局大家都看到了，用户实际更在意手机的娱乐属性（玩游戏、丰富的应用）、社交属性（美观、身份和态度的象征），这方面的需求高于对信号和不易损坏方面的需求。iPhone的信号不稳定、玻璃面板易碎，但这些没有成为它飞速抢占市场的阻碍。

总结下来，这条原则要说的内容是：用户很难表达准确的需求，他们表达的充其量是表面诉求。我们既不能无视这些诉求，也不能盲信这些诉求。我们需要做的是，清晰认知这些诉求背后的需求，知道“更快的马”背后是“更快的交通工具”。

获取需求，需要有专业能力的产品工作者来完成，不是一次调研或者一份报告就能搞定的。

需求的主体是目标用户

第四个原则很简单，一读就懂。这里面有两层含义：

- 我们要考虑清楚需求的主体；
- 我们不需要考虑所有用户的需求，而是要找出目标用户。

我在自己的第一本书《从点子到产品》里讲过一段话："如果你听到身边有人一拍大腿说，'要是有个 ××× 的产品就好了'，那这样的需求肯定是真实存在的。"

现在反思，把这作为确认需求的方法其实是不太妥当的。这种需求也许由于场景的真实而真实存在，但主体实际上是发出这句感叹的人，未必是广大的目标用户。前文也提到，每个人的心智都有差异，价值观和习惯也有差别，一个人的这种需求，未必能复用到太多人身上。

假设有一个老板，自认为非常懂用户需求，要求产品团队全部按照他个人的意愿和需求去实现产品，结果往往就是做成了这个老板自己的专属定制版产品，而非面向大众的产品。比如，作为工作繁忙、应酬众多的老板，日历里的事项很多，备注也多，需要做许多筛选，还要提供搜索功能，在呈现方式上，密密麻麻排布的情况更适合。而日历的目标用户却大多数是大学生和职场新人，很多功能就会比较鸡肋，在需求冲突的地方，对目标用户来说会很难用。

当我们在试着理解别人的需求时，就要运用前面提到的识别用户画像和用户心智的方法了。无论何时，我们在做产品决策时，要时时刻刻把这些记在心里。想到“需求”，就要想到是“×××的需求”。我之前经历的产品面向的用户——美甲师、外卖员和司机——都是在服务业工作的群体，如果我没有时刻记住自己是在研究“美甲师的需求”“外卖员的需求”“司机的需求”，就很容易因为思考的惰性把自己的喜好用在产品设计里。

“我们不需要考虑所有用户的需求，而是要找出目标用户”，这句话也容易理解。最常见的反面案例往往是自认为极重视用户体验的小公司，会事无巨细地解决用户的问题，用户只要打客服或者在反馈区留言，就全部帮他们解决。这样表现出来的关注用户反馈的态度自然很好，却容易把产品做成大锅饭和四不像，每个用户的每类需求都满足，实际上就会让每个用户都不太满意。

网上曾经流传一张吐槽 iPhone 如果民主化会怎样的有趣图片，就是假设 iPhone 听从了所有用户的建议后会变成什么样，它可能变成一个功能庞杂的怪物，吃力不讨好。

结合用户无法准确表达自己的需求来看，如果用户都能清楚表达自己的需求，而且我们只需要收集需求，然后一一做出来，那么也就不需要产品经理，不需要做任何产品决策了。正因为用户原本就无法清晰描述需求，所以我们还要从海量的用户和用户需求里抽象分析、梳理整合出真正需要满足的需求，然后找到产品可以改进的地方，这才是产品经理和产品设计者的核心价值。

需求有其时空约束

需求从来都不是一成不变的，而是有其时空约束条件的。许多人有玩游戏的需求，但在工作的时候就不会有；许多人有看文艺片的需求，但在心情不好的时候就不会有。

这里强调的实际上是我们在关注需求时要看物理环境和社会环境，还要看用户的心流和心智。需求需要有主体，于是我们要关注目标用户的画像和心智。需求有其时空约束，于是我们要关注用户的场景和心流，也要关注用户的认知偏误。道理是相通的，就不多做解释了。放到这里是要求产品经理或者设计者要时刻谨记考察需求在约束条件下的合理性。

用户是需求的集合

用户是需求的集合，指的是我们了解到的需求，或者产品满足到的需求，并不能代表用户的全部需求。我们要了解我们正在关注的需求，处于用户心智的什么位置，占多大比重。

许多互联网公司在提到自己的市场规模时经常会以用户数量作为标杆，这通常也是投资市场最关心的数据之一。不过在简单的用户数量背后，还要关心这些用户对产品的价值，以及反过来说，产品对于这些用户的价值。只看获取到的用户数量，不看用户与产品之间的紧密程度，通常也会出问题。这个所谓的紧密程度，就是认识到我们覆盖的用户需求究竟是什么。

假设微信的用户数量是 10 亿，另一个手电筒工具的用户数量也是 10 亿，这两个 10 亿背后代表的用户是一样的吗？很显然，大家直觉上都知道微信的用户更能创造价值。因为微信掌握的、覆盖的需求，是用户生活中的社交需求，以及社交延伸出的信息资讯、消费和游戏的需求，对比用户仅仅使用手电筒的需求，两者是天壤之别。我们可以把微信不同需求（社交、内容、支付、生活服务、游戏）的用户叠加，这样微信的实际用户数量会是 20 亿、30 亿甚至 40 亿，这是更真实的用户数量。

于是我们可以用另一个更准确的标准衡量用户质量，就是使用时长。产品的用户总在线时长 = 产品覆盖的用户数量 × 每个用户的平均使用时长，这样比较，就可以看出产品对于用户需求的覆盖度。在微信和支付宝发起移动支付大战时，不少人都分析过，支付宝在日常线下消费场景的劣势在于，覆盖用户的使用时长实在太短了。根据 2017 年中金公司的数据显示，微信当时的人均单日使用时长约为 81.5 分钟，而支付宝的人均单日使用时长仅为 6.4 分钟，相差近 12 倍，根本不是一个量级。因此，在线下场景中，微信支付在哪怕看似很严峻的线下支付中很快也开辟出了一大块市场。

使用时长代表的是用户对产品的依赖程度，也间接反映了产品满足的用户需求在用户所有需求中的位置。在讨论用户场景时我们提到，在用户的支出心智中，有心理账户的概念，即用户会根据不同的支出类别划分自己的账户。同样，用户在时间上，也有心理账户，比如该花多少时间在工作上，该花多少时间在娱乐上，该花多少时间在社交上，等等。之前有人提出许多移动互联网产品已经成为注意力经济，就是这个道理——你抓住了用户更多的时间，也就覆盖了用户更多或更重要的需求。

2018 年年中，QuestMobile 发布了《中国移动互联网 2018 半年大报告》，其中有一张极有代表性的图如下所示。它揭示了在“头条系”的许多应用迅猛增长后，吃掉的更多是用户原本花在“腾讯系”产品中的时间，这意味着用户的心智中，“头条系”和“腾讯系”是类似的（“打发时间”或者“碎片化娱乐”），它们可以相互替代，不是“阿里系”（购物为主），不是“百度系”（信息获取为主），也不是“新浪系”（内容社区为主）。

移动互联网各巨头独立 App 总使用时长占比

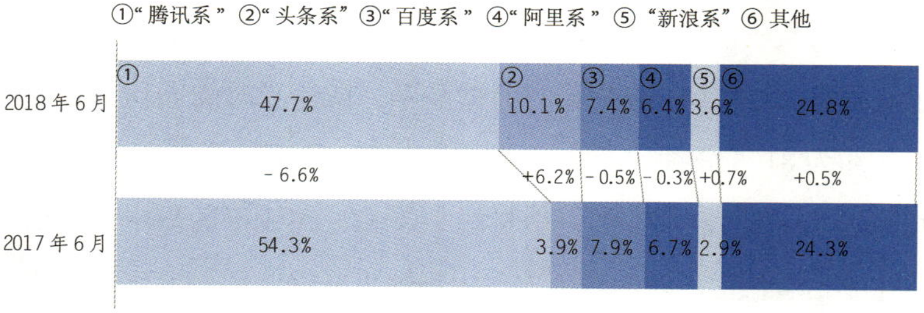

2018 年 QuestMobile 互联网报告中关于使用时长的统计

资料来源：QuestMobile，TRUTH，中国移动互联网数据库。

所以我们要理解，我们找到了目标用户，并不意味着我们完全掌握了用户。我们占据的用户时间是用户从自己的心理账户里挤出的时间，我们覆盖的需求也只是用户的一部分需求。这个心理账户时间，或者这块需求，不是因为产品形态而变化，而是因为用户心智而变化。

抖音、快手看似是陌生人的社交娱乐，却挤占了原本刷朋友圈的时间。吃鸡游戏、《王者荣耀》看似应该跟其他手机游戏竞争，但在用户的心智中也是抖音和快手的敌人，很多人在开始刷抖音后就放弃了吃鸡。

另外，有趣的是，据说抖音和快手的用户重叠度有 80%，也就意味着它们在海量的用户手机里相安无事、和谐共存。它们看似都是短视频应用，却同时满足了用户不同的需求类型，占据了不同的用户心智。

我们看待用户，应该把他们看作需求的集合，把我们面向的需求看成“碎片化的娱乐”，不能看成“游戏”或者“社交”。如何看待用户和需求，决定我们如何认知竞争对手，也决定我们如何占据用户心智。

需求存在不同层次

如何确定我们关注的需求是“游戏”还是“碎片化的娱乐”呢？这就要考虑到每个用户的需求有不同的层次。你从不同的维度去关注，就会有不同的发现。通常来说，我们要找到最适合当下关注的层次，而不是只采用直觉上感知到的层次，这些层次有可能是表面的，比如对某个工具的诉求，也有可能是深层的，比如人性的欲望。

一个人表面的需求是健身，背后的诉求可能有很大差异，有的是减脂，有的是增肌。在这些背后，又有各种不同的需求，比如我认识的朋友 A 因为追求女生失败，立志变得更瘦、更帅；有个比较胖的同事 B 前段时间去体检，结果多项超标，为了健康减肥；同学 C 是为了锻炼肌肉，以便参加更多刺激的项目。这些需求的背后，可以归纳到人性里的社交需求、安全（健康）需求和娱乐需求。

对这些需求的拆分其实并没有固定的方法论，无非就是多问一句“他为什么需要这个？”据说有一个产品经理思考问题的法则，就是无论任何事情，都连问 6 个为什么。倘若有时候你觉得“他居然会这样想，不可思议”，一般就是因为对用户需求的拆解没有那么清晰。在认知用户需求时，要做到意料之外，情理之中。意料之外是由于我们只看到了用户的表面需求，情理之中是由于我们看到了这个需求背后的原因。

当对用户需求进行多层次拆解后，在每次做产品决策时，就要关注每一层的需求是不是都有效满足了，而不是只关注其中固定的一个层次的需求。当有的层次的需求彻底无法满足或者用别的途径能够满足时，我们的产品就会失效。例如，朋友 A 追求的女生很快有了男朋友，他可能一怒之下就不来健身房瘦身了，这时候无论怎样讲瘦身的好处都很难把他拉回来；或者同事 B 发现健身的效果不够好，不如节食效率高，也可能放弃健身。

为什么说深层次的需求持久永恒呢？我们任意反推一个用户的需求，就会发现需求更深的层次，都可以定位到同样的一些本质需求。表面上看，抖音是这几年刚刚兴起的，且不说古代，就是一二十年前，都没有人有“用抖音看短视频”的需求，可是这个需求的底层是“打发时间”，就这个需求而言，古代人可能用乘凉和看戏解决，近代人用听收音机、看电视解决，当代人用抖音解决，这是一致的。

获取社会认同感的问题，当代解决的方法有在直播里打赏，在线上社区交流，在游戏里买华丽的装备，古代则有养门客，结识文人墨客，出书等方法。盼着当红明星用微博转发自己的心理状态，跟过去盼着哪个诗人在文字里提到自己名字的心理状态，实则源于同样的诉求。

从衣食住行、购物的生活需求，到社交、成就感、归属感这样的精神需求，深层次的用户需求没有变过，大都写在我们的基因里（天生的）和国家民族文化的基因里（后天获得的）。

我和老张的讨论

老　张：我首先想提出质疑的是，用户需求都有边际收益递减的阈值吗？按照我的认知，用户的欲望是无穷的，这不也是经济学的基础吗？过去的人总说温饱最重要，现在大家的温饱问题已经解决了，接下来要吃得更好，住得更好，这不会停止吧？

刘　飞：从宏观视角讲，人的欲望自然是无穷的，能活 80 岁肯定不会愿意只活 60 岁，能吃山珍海味肯定不会吃快餐汉堡。在宏观群体视角里，整体的欲望是在逐步增大的，但不同年代的微观欲望不会脱离时代，自己膨胀。比如这个年代平均年龄是 80 岁，对于大多数人来说，活到 80 岁就是一个很明显的阈值，超过这个阈值，依然有收益，但由于会有“已经可以寿终正寝了”以及“同龄的好朋友反正也都不在了”之类的想法，80 岁后的人再活下去的收益就会递减。

这其实就是我们讨论过的社会心智在起作用。每个人的欲望还是受环境影响的，需求对比的永远都是身边的人，需求满足程度比身边大多数人好一点，这就是心理收益最大的时刻，再好出几倍，其实就没有太大意义了，感知不明显。

老　张：另一个问题，就是你举的乔布斯的例子，我怎么知道我对用户的判断是不是准确呢？是按照现在的判断果断执行，还是继续做调研？反复做调研会不会导致一直开不了工呢？但贸然开工，我们又没有乔布斯牛，这怎么办？

刘　飞：放在手机行业，这确实是个大问题，所以手机行业不太适合创业者贸然进入，雷军这样的大佬才比较容易集结一个专业团队做出好的判断。手机的生产成本高，试错空间小，手机市场留给一个创业者和新人的尝试机会不多，一两代都做不成，很可能要退出市场。

绝大多数互联网产品其实存在较友好的试错环境，不管是 App、H5（超文本标记语言的第五次重大修改），还是小程序，完全可以用最低成本的方法先尝试，说改就能改。既然如此，就不需要事先做大量调研，有了初步判断，就可以基于它快速落地执行，然后由结果反推自己需求判断的准确性，持续修正。

老　张：这样的话，一个“学习能力 + 迭代能力”很强的产品经理和一个“天赋极高 + 行业经验”很强的产品经理，是不是前者更适应当下的互联网产品？

刘　飞：也许吧。不过优秀的产品经理，肯定是两者兼备的，就是学习、迭代能力更重要罢了。

小作业

（试着阅读下列文字，回答问题）

发现需求，而不是创造需求。

——俞军的产品经理 12 条

结合本章内容，为什么说不能“创造需求”?

创造

第二部分

价值

产品设计者应该为用户价值和产品价值负责

我们在前文逐一讨论了影响用户需求的因素，以及综合认知用户的方法。在了解用户是什么样的人，存在什么需求之后，我们就进入了价值创造阶段。经济学家对世界有了充分的认知还不够，需要让这些认知转化成有价值的方案，能够帮助政治家做决策。对用户和市场有深入的理解认知，对观察家和媒体人来说足够了，但对产品经理或者产品设计管理者来说还远远不够。

市面上大量的产品经理鱼龙混杂，我遇到很多连用户都搞不清楚的产品经理，倒很少遇到只关心用户需求，不怎么做产品方案的产品经理。毕竟对于产品经理来说，工作成果当然就是最终的产品。不过“做了许多方案”或者“达成了业绩目标”未必能证明“创造了用户价值”。

例如，有的产品经理的工作内容就是常年画基本的原型图，负责页面排版布局，不在意用户需求，也不需要关注页面使用情况，做的都是非常基础简单的决策，连普通用户都能做出来的。这种在传统企业很常见的角色，在用户价值和产品价值上就没有什么价值。

例如，有的产品经理的工作内容是判断资源如何协调，怎样召集会议和完善项目机制，以及确保产品怎样上线。这类产品经理在项目中起到的作用更多的是推动和协调，即协作型产品经理，甚至有些就已经是项目经理。他们最终的价值并不是“用户价值”或者“产品价值”，而是协作价值。

且不提以上这样的角色是否应该称为产品经理，也不需要否定协作在部分大公司的重要意义，但这类价值不在本书的讨论范围，本书关注的是能够创造用户价值和产品价值的产品经理。

用户价值、产品价值，再加上我们经常听到的用户体验，这三个概念都是对用户是否认可的描述，只有帮到了用户，或者让用户认为得到了帮助，才能够创造价值和好的体验。这与我们对需求的定义是一脉相承的：用户对解决现存问题的需要。既然用户有解决问题的需要，那么我们是否能很好地帮用户解决问题，就是价值和体验的标准。

如果要准确定义这三个概念，可以用以下三个描述。

- 用户价值：用户使用产品时主观判断能否帮助自己解决特定问题。
- 产品价值：从产品设计的视角关注的用户价值。
- 用户体验：在实现用户价值过程中用户的主观感受。

这三个描述将三个定义串了起来，显示了它们之间的关系。用户价值是我们要为用户铺一条通往想去的城堡的路；而产品价值是我们铺的路有多少人用，是不是比别的路好；用户体验则是在行驶过程中，道路是否颠簸以及路边的风景如何。

我们接下来分别论述。

用户价值是用户对解决问题的主观判断

首先，在提到用户价值时，通常有以下两种含义：

- 我们能够为用户创造的价值——用户使用产品时对我们的感受是否有价值、有帮助；
- 用户对于我们的商业价值——用户是不是能提高我们的收入或者是潜在的贡献者。

本书提到的用户价值，均指代前者，即只考虑从用户视角看，产品具备什么样的价值。

用户价值的定义是，用户使用产品时主观判断能否帮助自己解决特定问题。这个定义很清楚地描述了三个要点。

- 用户体验的主体是用户，不是其他人定义的。只有用户说有价值，才是真的有价值，用户说差，那不管运用了多强大的理论都没意义。
- 用户价值是在使用产品时产生的，这也与前文提到的用户需求被真实场景约束，相呼应。用户没有使用产品却声称的价值，没有意义。
- 用户价值是主观感受，这点尤为重要。哪怕你真的帮助用户解决了问题，但用户自己认为并没有解决，或者解决得不好，同样会降低用户对价值的判断。

产品价值是从产品设计视角关注的用户价值

产品价值指的是从产品设计视角关注的用户价值，本质上也是用户价值：产品价值是由用户决定的；产品价值是体现在功能和服务中的。

当我们从设计者的视角或企业的视角，思考产品应该怎么做才会有价值时，就要考虑以下两方面：

- 外部环境；
- 用户并非单一用户。

考虑外部环境，指的就是我们要知道是否存在用户在用“旧的产品”或者用户有“旧的需求满足方式”。任何产品都不可能摆脱真实的市场环境来衡量自己的产品是否有价值。比如市场中存在微信这样的即时通信工具，假设我们也研发一个完全一样的即时通信工具，那么它们在基础的用户体验方面几乎没有区别。唯一的区别是微信已经有了海量用户，我们还没有用户，那我们的产品价值是怎样的?

由于用户迁移到新的产品上存在成本，而且用户完全不理解在体验完全相同的情况下为什么要使用新产品，因此我们的产品根本不会有市场。它从功能上判断的“绝对价值”是与微信类似的，但它在用户心目中的“相对价值”则非常低。

这一点，俞军老师曾经提出过产品价值公式：

产品价值 =（新体验 – 旧体验）– 迁移成本

这个公式简洁有效地论证了我说的这些内容。其中的新体验和旧体验，指的就是不同的产品的用户体验或用户价值；但产品价值并非单一产品的用户价值，而是用户在衡量两个产品时判断的相对价值。

考虑了外部环境的产品价值，就是相对价值。厘清这个约束条件下的产品价值，对我们做产品来说意义非凡。

另外，我们要考虑的也并非单一用户。对于用户来说，产品对他的价值是确定的，但我们要面对成千上万的用户，我们的产品价值就要考虑目标用户不同的价值诉求。

同样一个功能，在生效的情况下能产生非常大的价值，可由于目标用户里认可这个功能，让功能生效的情况只占 1%，那么就整体的产品价值而言，其实就变弱了许多。为 1% 的用户做重度功能，不如为 50% 的用户做轻量的普适功能。

考虑了用户并非单一存在的产品价值，就不再是前文所述的用户价值的定义了，而是所有目标用户的用户价值的集合：

产品价值 = 平均创造的用户价值 × 覆盖的用户数量

于是，我们得到两个结论：

- 在市场环境中看

  产品价值 =（新体验 − 旧体验）− 迁移成本

- 在平台视角看

  产品价值 = 平均创造的用户价值 × 覆盖的用户数量

用户体验是使用产品的主观感受

在 ISO（国际标准化组织）对用户体验的定义中有这样的描述：用户体验，即用户在使用一个产品或系统之前、使用期间和使用之后的全部感受。简单说，就是用户在使用你的产品和服务时的主观感受。这与前面的定义（在实现用户价值过程中用户的主观感受）是一个意思。

这个定义同样描述了几个跟用户价值一样的特征点：

- 用户体验的主体是用户；
- 用户体验是在使用时产生的；
- 用户体验是主观感受。

用户体验是实现用户价值过程中的感受，因此有时并非与用户价值完全画等号，即可能在创造了用户价值的同时，也损害了用户体验。

我们先看以下用户体验与用户价值一致的例子。

假设我们是做搜索引擎的产品经理，那么：

- 我们提升了搜索结果的准确度，这就创造了用户价值（有效地解决了问题），也提升了用户体验；

- 我们改变了一个规则，搜索结果变差，这就损害了用户价值（没有解决问题），也降低了用户体验。

同时，还存在特殊的情况，用户体验变了，但用户价值不变：

- 我们提供了许多商业广告，没有创造和损害用户价值，却由于广告的质量参差不齐，给用户造成了视觉污染，这也会降低用户体验；
- 我们在产品里制作了许多彩蛋，但用户觉得有意思，对产品印象变好，这也会提升用户体验。

总的来说，用户体验是整体感受，影响的范畴比用户价值更大。假如用户价值实现得很完善却不关心用户体验，也会做出不少南辕北辙的事情。

用户体验在移动互联网时代有所变化

值得一提的是，在过去提到用户体验，我们在脑海中浮现的往往是“简约设计”“页面设计”“精益设计”等，翻看 10 年前关于用户体验的图书，往往都是《用户体验草图设计》（2009）、《用户体验面面观：方法、工具与实践》（2010）、《重塑用户体验：卓越设计实践指南》（2010），能够直观感受到这些书都是偏向交互设计的，比如《重塑用户体验》一书的简介是：

Autodesk 公司资深用户体验专家昌西·威尔森在书中荟萃了摩根·考夫曼出版公司交互设计系列畅销书中久经考验和最可信赖的精华部分，并以项目结构的方式清晰地为读者展现了可用性的概念、用户需求分析、创意的产生、草图的绘制、人物角色的创建、原型制作、网站设计和最终产品评估的完整过程。

这些书和维基百科对用户体验的定义实际上是基于“人机交互”的，即在过去通常是我们与电脑交互，现在通常是我们与手机交互。对于互联网产品来说更具体一些的载体，也就是 PC 软件、PCWeb，以及手机 App 和手机网页（H5 和小程序）。稍微熟悉如今互联网产品经理工作的读者，想必已经很清楚，这些压根儿不是产品经理的工作，也不是产品设计的重点。

如今，我们需要重新审视用户体验：用户体验应该是使用产品时完整的主观感受。

为什么强调“完整”？我们举个例子：一个用户在外卖平台下单购买外卖时，可能会遇到程序故障，也可能会遇到外卖员送餐特别慢的情况，这个用户能够分辨哪个是交互体验，去责备交互设计师，哪个又是送餐调度系统的错误，去责怪算法工程师吗？显然不能，一个用户使用的产品体验是完整的，所以不管是交互问题，还是在交互背后的一系列餐品与图片不符的问题，买不到想吃的东西的问题，价格太贵的问题，送餐太慢的问题，食品过期的问题……这些都是用户体验。这时，单纯的交互体验反而意义不大。

狭义上的用户体验，是网页设计、界面设计和交互设计。这在许多产品培训班里依然盛行，但学员一旦毕业进入大型互联网公司就会发现，哪怕百度、今日头条这样的纯线上产品，用户体验也并非简单的网页设计、界面设计和交互设计。对于百度来说，搜索的准确度，找到想要的东西，就是用户核心体验。对于今日头条来说，资讯推送的准确率，阅读想要的内容，也是用户的核心体验。这些背后，不是交互能够解决的。更不用说许多产品的核心体验其实在线下，例如，在出行领域，叫车的整体体验的关键更多地在于等待时长和车上的服务，App 本身的界面样式设计变得没那么重要；在外卖领域，餐品丰富度和送餐时长是重点，App 的流畅度也没那么重要。

因此，本书讨论的用户体验是广义的，不仅包括人机交互，还包括在整个产品呈现过程中的所有用户感知。从界面上的一句文案是否有地域歧视，到一个 O2O 背后的订单分配系统是否能合理地满足两端的需求，都属于用户体验。

第六章　基于用户需求而判断出的用户价值

用户价值是用户的主观感受

本书反复提到用户心智，在用户价值的定义中我们也要关注用户心智，因为用户价值是主观感受，而非某种逻辑推断的客观结果。这与经济学里的价值概念是一致的：不存在人，就不存在价值；价值是人判断出的使用价值。沙漠中的一杯水和卧室里的一杯水的构成元素一模一样，量也一样，但价值显然不一样。同样的外卖服务，对于日常加班到半夜的上班族和平时很清闲的退休大叔来说，价值也完全不一样。

在讲述用户需求的时候已经提到，需求的主体是完全不同的用户，需求也有不同用户在不同时空下的约束条件，因此用户价值也必然是变化无常的。在 20 年前，大家对低画质游戏的接受程度显然要比如今高得多，《超级马里奥》和《坦克大战》在当初的用户价值也高得多。现在，用户锚定的价值已经有了巨大的变化，用户对游戏的需求，用户认可的价值标准，高出了不少。

常见的反面例子是成本决定论。在经济学上有“劳动创造价值”的理论，这个理论说不通的地方是，为什么劳动就一定能创造价值？成本更高的劳动者的劳动是否一定能创造更大的价值？一个木匠做出的椅子和一个博士毕业生做出的椅子，后者一定能卖出更多的钱吗？显然很荒谬。

知识付费领域有非常好的实践案例供我们参考。如果对知识付费的产品（比如得到、知乎大学、极客时间等）比较熟悉，就会发现，这些产品的导师未必都是每个领域最顶尖的专家，而是很优秀的内容输出者。他们制作的内容，更容易被读者接受，因为在这样的产品里，“能否轻松有效地获得知识和经验”才是用户价值判断的标准，“老师是不是很厉害”其实并不是用户价值的标准。

另外，这些知识付费产品通常来说都会刻意制造一些“价值感”，让原本很枯燥或遥远的学术知识转化成生活中的知识工具，比如经济学的课程或专栏会强化与生活相关的许多经济决策的内容，讲述新闻里经常听到的中美贸易战的幕后故事；产品相关的课程和专栏也会尽力让更多哪怕不是产品经理的用户觉得，把产品思维运用到工作和生活中会很有价值，甚至可以把自己当作产品进行迭代，等等。

许多学术专家都把注意力花在批判这些课程细节的不专业上

（毕竟要做延展性的处理总会有不太严谨的地方），却忽视了用户的感知层面，他们非常在意“能否快速学习”和“能否对自己有帮助”的价值感。这的确需要很多快餐式的知识，而非教材式的知识。若是把知识付费产品都做成枯燥的教科书，严谨倒是有了，却可能丧失其重要的用户价值。

用户价值受社会心智和认知行为心智的影响

用户价值是用户的主观感受，一定会受两类心智的影响。实际上，在介绍用户心智时提到的“锚定效应”里，用户会跟随商家的引导形成对商品价值有一定偏误的认知，这就是用户价值受认知行为心智影响的一例。

这里可以再补充一个用户价值会受社会心智影响的例子。

2018 年 8 月，有网友反馈自己的手机收到大量短信验证码，且支付宝绑定的网银里的余额不翼而飞。网友报警并反馈到各个相关方之后，得到的各方答复是：

- 警方无法确定被盗事实，也没有找到盗窃者；
- 保险公司认为更像是本人操作，无法确认是被盗，因此无法理赔；
- 支付宝决定先全额补偿，然后配合警方继续调查。

支付宝这么做，是因为它比较善良、公司价值观高尚吗？还是因为互联网公司在处理类似事情上比较灵活？还是什么其他特殊原因？

实际上做“全额赔付”这种承诺背后，考虑的就是用户心智里对支付产品的信赖首先就源于它是否安全。用户考虑使用支付宝，自然先考虑资金是不是足够安全。如果没有全额赔付，看到其他人遇到类似的问题，支付宝不管不顾，那信任度就会变得很差。就这个单一案例看，支付宝的赔付也许有点吃亏，但就在用户的心智里塑造良好的可信赖形象而言，这是非常重要的。

支付的安全是用户极高的预期，这类预期受社会心智的影响。在人们的普遍认知里，你需要提供安全的服务，就要做到安全。倘若支付宝解释自己的支付异常率或者账户被盗率比传统金融企业要低得多，这并没有意义，用户不会以这种量化的标准去比较，安全是个是非题，不是数学题。

因此我们也可以看到，网约车出行行业哪怕安全事故率和死亡率都远低于出租车行业，乘客和司机也都是零容忍：要么就足够安全，要么就是不安全，不存在较好的不安全和较坏的不安全。这种较高的用户预期背后的用户心智，是无法通过企业宣传改变的，这就给企业和产品提出了更高的要求，我们要依据用户的预期去完成产品，而不应说服用户接受我们认可的产品价值。

用户价值的应用

判断能否实现用户价值，就是要看用户背后的需求有没有得到满足，也就是用户的问题有没有解决。我们在掌握用户画像和用户心智后，会对用户需求有初步判断，然而一个产品是否能解决用户的问题，满足用户的需求，还是需要现实逻辑的关联。在判断用户价值时，我们要判断的是考虑所有约束条件下的用户需求究竟是什么样的，再考虑用户价值是什么样的。

有的需求会用意料之外的方法解决，却让人觉得在情理之中，这通常就是实现方法或许比较创新、让人惊讶，但细想背后的用户需求却很精准。有的产品看似在想尽办法满足用户的需求，看似合理，却在满足需求的路上跑偏。我们始终要铭记的是，“我们认为的产品价值”未必就是“用户价值”。

举个例子，假如有一个手机网游，颇受欢迎，游戏模式大概是5分钟的快速对战。我们认为这个游戏的游戏性不够好，于是做了一个新的产品，游戏模式更加丰富、角色更多、时间更久。单纯从表面的产品价值上看，这毋庸置疑是优化，哪怕我们找许多玩家来体验，做可用性测试，得到的反馈可能也是清一色的好评。

可投放到市场，这样的游戏肯定会受欢迎吗？这就未必了。从用户需求来看，约束场景很明确：手机游戏就是为碎片化的时间准备的。在地铁上，在工作间隙上厕所时，在上下班时…… 这些时间可以接受的就是5分钟的快节奏游戏，相比而言游戏性没有那么重要。另外，游戏做得过于丰富，对于碎片化需求的用户而言，它就变成了负担，本来就是偶尔打发时间的，游戏复杂性的提升让用户更加敬而远之。那么有没有对游戏性很关注的玩家呢？当然有，但他们都是 PC 玩家或者主机玩家，并非手游玩家。

我们不妨试着分析以下几个常见产品类型的核心用户价值。

对于搜索引擎，核心的用户价值是什么？我们先看用户需求，自然是搜索信息。那么反过来看，核心用户价值就是搜索到更准确的信息，或者再推理一步就是搜索准确率。这样我们就可以将用户的核心需求转换成业务目标，这是用户价值的应用之一。

对于电商平台，用户价值是什么？用户需求是顺利买到想要的好品质的东西，这就包括：是不是能找到想要的东西（搜索、筛选、分类等），如何判断商品的质量（评价和排序体系），购物支付效率，这是核心的用户价值。延展一下，还包括能不能发现想要的东西（导购、推荐），到货能不能比较快（发货速度、快递速度），到货会不会出问题（拣货错误率、快递服务）等。

这些都是基于用户需求而判断出的用户价值，是层层拆解下的体系化思考。你可能会说，这些价值点也许都能想到，但能想到不代表系统地思考和定位过。比如交互流畅度是我们的目标之一，那它应该在什么位置，这就需要用体系的方式定位，明确交互流畅是购物效率的一部分，这部分有多重要等。用户价值的重要度次序，也决定了我们做需求排序的次序，这也是用户价值的另一个应用。

我和老张的讨论

老　张：我一直在想，价值观或者文化是不是用户价值？比如，我是文艺青年，对豆瓣有文化认同感，或者我是鹿晗的粉丝，对鹿晗代言的产品有认同感，这种算不算在用户价值里？

刘　飞：当然算。用户价值是解决问题，不仅要解决物质生活问题，还要解决精神生活问题。我认同一个社区的氛围，认同一个明星代言的产品，其实都是社交认同感，是我在社会关系中的一种特殊价值。豆瓣之于文艺青年的精神价值，让它自身能提供的内容、社区价值又增加了新的价值，这也是我提到的“用户价值是用户的主观感受”的佐证。这不仅仅是基于你做了什么，还基于用户怎么想。比如哪天给你产品代言的明星出了丑闻，哪怕你不做什么，对你产品的使用价值也会造成破坏：用户会觉得用这个产品心里不舒服，或者拿出去被别人看到太丢人。

老　张：用户价值与用户需求相比，好像差不多。我是不是懂了用户需求，也就懂了用户价值？

刘　飞：用户需求与用户价值是一体两面，一个关注问题，一个关注解决问题。比如我们研究用户需求，可能得到的结论是，用户有“打发时间”这种需求，这时是不会涉及哪些事情可以打发时间的。用户价值就是要发掘用户到底认为哪些事情可以打发时间。

小作业

（试着阅读下列文字，回答问题）

张小龙的讲稿里提到的词频统计：
思维模型 0 次
底层逻辑 0 次
商业模式 0 次
认知升级 0 次
流量池 0 次
黑天鹅 0 次
灰犀牛 0 次
大局观 0 次
策略 0 次
复盘 0 次
焦虑 0 次
玩法 0 次
用户 114 次
朋友 105 次
时间 43 次
希望 37 次

——采铜 《张小龙的四小时演讲没有用哪些词》

张小龙在 2019 年初的这次演讲，“用户”一词被提到了 100 多次。试着思考下，这个演讲和其他演讲在用户认知层面的差距。

第七章　核心用户价值就是产品要实现的产品价值

找到产品的核心价值

前文提到，产品价值就是从企业视角关注的用户价值，那么核心的用户价值通常也就是我们要实现的产品价值。对于搜索引擎来说，能不能建立搜索准确率的壁垒，就代表能不能实现核心的用户价值；对于电商平台来说，能不能完成顺畅购物的全部体验，也代表着能不能实现核心的用户价值。

只不过，当从企业视角关注用户价值时，我们还要选择自己关注的场景和领域。除了巨头平台会覆盖到方方面面，大多数企业仍然要选择自己关注的目标用户的目标需求或者目标价值，并非要替用户完全实现全链路的价值。用一句白话说，就是“不是用户需要什么，我们就都要满足他们”。这跟在讨论用户需求时提到的“我们不需要考虑所有用户的需求”是一个道理。

举个简单的例子，除了淘宝、天猫这样的综合电商平台，既有许多导购平台，它们关注的是电商全链路的一个环节，也有专卖鞋子的平台、专卖服饰的平台，它们关注的是某个垂直品类的电商。

为什么在实现全链路用户价值之外，还有其他产品的空间呢？可能有多种原因，常见的一般是全链路的平台更多起到的价值是撮合信息和搭建平台生态，而非专注某个链路并做深，这就给了许多垂直品类一些下探空间。在许多行业里，市场仍然是长尾居多、品牌繁杂，这也给一些产品提供了做大的空间，这也能实现很高的产品价值。

许多行业和市场都可以找到产品的核心价值，可是在许多情况下，产品决策者做出的判断有误，他们认为的核心价值并没有戳中用户，也就是没有符合用户价值，这样的例子比比皆是。

怎么寻找产品的核心价值呢？产品的核心价值要符合以下几个要点：

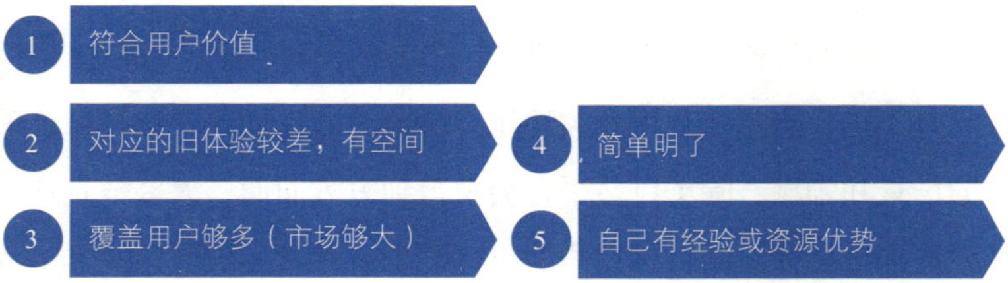

第一点已经讲了很多遍，不再赘述。第二点和第三点后面会单独

论述。在此，我们简单分析一下“简单明了”和“自己有经验或资源优势”。

简单明了，即要考虑用户心智认知的问题，用户很难认知你的产品是混合了多个价值的，也很难在心智里存储一个复杂描述。迅雷创始人程浩讲过：“好的创业项目和好的商业模式，永远要一句话就能讲清楚。”讲不清楚的项目，通常是创业者没有想好。其实哪怕创业者真的想清楚了，也不代表用户能够认知清楚，没有深入人心的心智建设，用户很难在对应的场景下想到用你的产品解决问题。

优步的产品定位的宣传并非智能交通出行平台或者共享经济引领者这样抽象的概念，而是一句简单的“点击按钮，搭车就走”（Tap a button, get a ride）。同理，滴滴出行也是一句“滴滴一下，马上出发”。它们强调的都是非常核心的用户价值：在线约车，且会快速到达。

我遇到过有的创业朋友，跟他交流对话大概是这样的：

朋友：我做的是一个创新的社交产品，跟微信、陌陌都不一样。

我：有哪些不一样呢？

朋友：我的社交关系链是介于陌生人和熟人之间的。

我：那你要怎么实现这个关系链呢？

朋友：我会通过随机匹配的方式实现，先让用户做一些测试题，然后比较相似的人，会放在一个小群里交流一段时间，交流顺畅的，就建立联系。

我：那你怎么跟用户描述这个价值呢？

朋友：不需要描述，用户试过就会觉得好。

这就是典型的完全不是从用户价值出发找到的产品价值，定义模糊，说法冗长，没有办法让用户意识到这个产品是做什么的、对自己有什么帮助。大多数社交产品的模式的确复杂多样，但都会准确捕捉一个场景，例如两性交友、K歌和社交游戏，它们背后代表的是用户想交异性朋友，想认识相同爱好的人，或者想打发寂寞无聊时间的不同需求。这些需求和场景讲不清楚，用户就认识不到产品的价值是什么。

对于自己有经验或资源优势这一点，也容易理解：发现一个用户价值或者确立一个产品价值很容易，但这个价值我们是不是有能力实现，是不是可以比别人实现得好？这是不见得的。从用户视角看，都是价值，而从残酷的市场环境看，我们就要用自己的长处来对抗其他产品的短处，不能觉得只要需求在、价值在，我们就可以做好产品。这与产品供给的逻辑有关，我们在后面的章节会探讨。

接下来，展开说一下“对应的旧体验较差，有空间”和“覆盖用户够多”，对应的是前文提到的两个价值公式。

产品价值 =（新体验 – 旧体验）– 迁移成本

俞军老师在2016年提出的这个价值公式，在业内引起了不少讨论，也有不少解读。它对产品价值的抽象意义重大，当我们判断一个产品的价值时，几乎可以放之四海而皆准。

如前文所述，公式中的新体验与旧体验指的是用户体验或者用户价值，是用户判断两个产品在使用中的价值感受。这个感受仍然是主观的，哪怕产品的优化程度非常高，如果在用户认知里没有感受，同样没有价值。

举个例子，2018 年曾经有一个 Windows 操作系统的各个版本在全球的市场分布统计，其中最新的版本 Windows 10 的占有率为 32.93%，Windows 7 为 43.08%。为什么 Windows 10 已经发布了三年多，仍然有很多人都在用 10 年前发布的系统版本，而不升级呢？

我们先看一下 Windows 10 提供的几个核心新功能：

- 生物识别技术，指纹、面部和虹膜扫描
- Cortana 智能助手
- 平板模式
- 新的 Edge 浏览器
- 安全性增强

逐个分析它们的价值，你会发现作为新版本，它的体验并没有那么出色：

- 大多数 PC 不具备生物识别能力，同时用户解锁电脑也不如手机高频，快速识别的意义大打折扣；
- 同理，使用 PC 的场景下智能助手的价值有限；
- 平板模式对于台式机和笔记本没有意义；
- 增加了 Edge 对于习惯了 IE 的用户没有太大价值，而非 IE 的用户只占全球份额的 3% 左右（据 2018 年 5 月 StatCounter 的数据）；
- 安全性增强对用户感知非常弱，况且 Windows 一向以新版本安全漏洞问题更严重著称。

综合来看，就知道 Windows 10 的新旧体验差，哪怕是一个正值，也是非常小的。再看迁移成本，众所周知，升级操作系统，不管是在电脑，还是在手机上，都需要很长的加载时间，且存在不小的风险，算下来迁移成本并不小。于是我们用一个很小的正值减去一个很大的迁移成本的值，得到的产品价值也许就是负值了。这是不少用户选择不升级的原因。

再看微信，情况就发生了变化。微信的更新非常节制，且经常会有比较大的改动。例如，之前有的版本加入了红包，有的版本加入了小视频，有的版本加入了公众号。当身边的朋友都在发红包时，你却没办法收红包，大家都在发小视频时，你看不到，这种体验就非常糟糕了，于是新版本的微信对用户来说，新旧体验差非常明显，是个大数字。

微信的迁移成本跟操作系统的就不一样了，点击一下，网速够好的话几分钟就升级成功了，更不用说许多人会开启自动更新，后台就自动完成了，跟操作系统升级的成本全然不同，于是迁移成本是个小数字。

所以微信新版本对于旧版本的产品价值，就是个不小的正值，大家都会在新版本发布后陆续升级成新版本。

从举的例子还能看出，这个公式不是用来做精确度量的，我们只能预估一个大概的数字，来代表我们内心的判断，用来做模拟演算。如果你要证明 Windows 的新旧版本体验差比微信的新旧版本体验差少多少，这个就没有意义了。

产品价值公式揭示了许多产品决策者通常会犯的两个主要错误：

- 忽视旧体验；
- 忽视迁移成本。

不熟悉用户分析和产品分析的人无法判断价值，而熟悉它们的产品决策者，虽然对价值的判断通常不会有太大偏差，但是会经常忽视用户的旧体验，只看到自己设想的产品价值。

在《从点子到产品》一书中，我举过一个例子。有个朋友找我聊，说他试图做一个音乐领域的平台，包括四个核心功能：音乐培训学校的信息，课程的电子化，演唱会和各种周边的音乐活动，乐器的电商平台。他认为，目前市场里不存在这种大而全的音乐垂直平台，他肯定能出奇制胜。其实不用对比公式我们就能知道，他的这个设想完全没有考虑用户的旧体验。他认为旧体验是不存在的，但实际上，大众点评、微信群、豆瓣同城和淘宝已经能够很好地满足原本用户的需求了，用户迁移到新的平台来，必定是因为这个新的产品比大众点评、微信群、豆瓣同城和淘宝做得更好，这是不太现实的。

如今的智能家居也是典型的新旧体验差通常不大。许多智能家居产品会宣传自己能够做到智能语音下达命令，可以关闭窗帘，开启灯光模式，播放音乐，播报天气等，宣传的内容会渲染得非常玄妙科幻。可细想下来，这些体验对应的旧体验是什么？无非就是手动关窗帘，手动按按钮，手动点击播放，用手机自己查天气，要说体验有提升并没有骗人，只是新旧体验差并不会太大。

同时还要考虑两点：第一，语音识别并不能做到 100% 准确，可点击按钮和手动操作是 100% 确定，一旦遇到识别错误，用户体验就特别糟糕，用户就倾向于下次自己完成，这都会导致新旧体验差变小甚至变为负值；第二，从迁移成本来看，用户要完成语音指令，需要学习成本，如何唤醒智能助手，如何下达正确的命令，这也会让产品价值继续减少。

真正有价值的智能家居是什么样的？需要用户完全不用思考，不用学习。比尔·盖茨在自己的豪宅中打造的智能家居体验就是全然不同的。每个客人携带用以识别的芯片，当他们进入某个区域，这个区域就会自动识别客人的身份，并开启该区域的智能系统，自动调整温度、音乐、光线；图书馆中的光线明暗，是智能识别的，以此达到最佳的阅读体验；游泳池有自动温控和自动洁净…… 这些减少了用户思考和操作，不存在很高的学习成本的纯自动化的智能家居，也许才算是新旧体验差足够大的产品。只不过如今这类智能家居的造价昂贵，还没有进入寻常百姓家。

忽视旧体验还包括一种特殊情况，就是识别了错误的旧体验。

滴滴出行的产品团队曾经讨论过要不要在行程中做小游戏。背景大概是，只有约车功能的整体流程太过枯燥、功能太单一，是否应该为用户提供娱乐功能。比起打开 App 只能看到行程地图和订单信息，这个体验是会有所提升的。不过“看枯燥的行程页面”真的是旧体验吗？真实场景下，没有哪个乘客会紧盯着这个页面看一路吧？大家做的是什么，是打开微信、抖音、今日头条、音乐播放器或者各种各样的游戏，这些是作为“行程中小游戏”而言的旧体验，要拿这个新产品去对抗微信、抖音这样的旧体验，绝无可能。于是经过讨论后，这个计划就被取消了。

这个例子与我们前文提到的 QuestMobile 发布的《中国移动互联网 2018 半年大报告》中，“头条系”产品正在侵占“腾讯系”产品的用户使用时间，是一样的道理。一个短视频产品，旧体验未必就是短视频，完全可以是手机游戏。

当初在微信刚刚起步的时候，也许中国移动和中国联通没意识到，微信会是它们在电话和短信领域最大的竞争对手。如今移动和联通提供的核心服务，已经从语音电话变成了数据流量。你也不妨翻一翻自己的手机呼叫记录，比起一年前是不是变少了许多？比三年前呢？大家已经习惯了微信语音聊天。再过几年，小孩子甚至可能会认为手机短信的唯一用途就是验证码和系统通知。

经常被人提起的还有方便面销量在2015年开始大跌，这并不是因为类似的竞品兴起，直接原因其实是外卖行业的兴起和补贴大战。同样是从行业领域看相关性不大的产品，却在用户价值上有显著的替代作用，它们就能成为用户新旧体验的对比对象。

除了忽视旧体验，忽视迁移成本也是常见的现象。

市场中曾出现许多要做熟人社交的产品，它们或者主打趣味，或者主打安全，但最终都难以撼动微信的地位。这并不是说微信的体验无法突破，无法打出新旧体验差，而是对于熟人关系链来说，迁移成本实在太高了。用户要迁移过来，面临的是身边的亲朋好友、同事领导都要完成迁移，这几乎是不可能完成的任务。无论是用户自己完成，还是作为新的社交平台帮助用户完成，无限高的迁移成本会导致产品价值为负，没有意义。

许多产品留存用户的手段，诸如积分、会员等，就是在设法提升用户的迁移成本，让用户觉得切换一个平台的成本太高了。比如电影视频网站A是按播放次数收费的，播放一次多少钱，而电影视频网站B是会员制，购买一年的会员是最优惠的方案，于是购买的用户很多。当它们都要面对竞争对手的时候，A的用户是没有迁移成本的，他们完全可以换一个平台继续看电影。但如果影片质量没有区别，B 的用户就不会离开平台，因为离开的成本太高了。

我们在做任何产品或者功能时，都要摸清用户的旧体验和迁移成本，哪怕不一定能准确量化，也要确保我们十分清楚这个公式里每个因子代表什么，不能忽视市场环境中的这个相对的产品价值。

产品价值 = 平均创造的用户价值 × 覆盖的用户数量

一个产品的价值并不仅仅取决于产品在用户心目中的价值，还取决于到底有多少用户是这么想的。这其实是一个基础的市场判断，不管是完整的产品品牌（比如美妆电商），还是独立的功能模块（比如美妆电商下的购物车功能），甚至是小需求（比如购物车的编辑功能），都要观测和判断到底有哪些用户会认可其价值。

忽视这个公式里对两个因子的考量，可能会出现两种情况：只关注用户价值，没有考虑覆盖的用户数量；只关注覆盖的用户数量，认为覆盖用户少的产品价值低。

假设我们做的是预置在手机操作系统内的日历工具，考虑这样的场景：有的上班族需要处理的任务特别多，平铺在一起难以辨识，不好操作，于是我们需要在日历任务列表里提供丰富的标记、筛选和备注功能。这个场景是真实存在的，用户价值也是确切无误的，持续沉浸在论证功能的过程中，很容易就会落入忽视公式里“覆盖的用户数量”的陷阱。

这个真实的场景，覆盖到的用户应该主要是白领和知识工作者。大多数国产手机面向的用户群体很广泛，真正从事相关工作的用户肯定不是多数，甚至只有一小撮。这样相对来看，是不是除此之外还有更重要的日历功能要做？是不是还有面向更大多数用户的功能要探索？这就是我们要思考的问题。

相反，假如我们陷入只实现最大用户数量的用户价值，也是有问题的。像刚刚提到的日历功能，属于优化的类型，会有用户价值差值，但不大。假如存在一种情况，对于在日历里记录的任务繁多的用户来说，有丢失任务的可能性，哪怕只是万分之一的概率，也是一个极其严重的问题（严格来说这属于漏洞，这里跟功能暂不做区分），用户覆盖量不是多数，却会对遇到问题的用户造成很致命的伤害，从这个结果来看，解决这个问题的产品价值又变得很大了。

前文提到的支付宝的安全问题或者网约车的安全问题，也是类似的道理。对于“安全风险”来说，价值差巨大，这时就不能只关注用户数量了。

在短期效果与长期价值之间做权衡

当产品、运营以及涉及业务的各个角色真正实操完成产品功能和服务的时候，经常会遭遇很多复杂的场景和问题，尤其在有了一定规模的公司和平台里，会在短期效果与长期的用户价值之间做大量的取舍。

公司的成立均是为了商业目的，没有公司是做公益慈善的，对于一线的许多执行者来说，会背负很具体的盈利指标，它们会以KPI的形式影响大家的年终奖。因此在具体执行时，每个人都自然趋利避害，往可以完成目标的方向去做，这样就会更加关注短期效果。公司团队小了还好说，主人翁意识会比较强，但假如是上万人的公司，那每个人对用户价值的“责任感”就弱了很多，哪怕员工其实清楚自己的产品核心价值是什么，也未必会以它为导向。

到具体的真实情况下，往往就是，一线的执行者擅长用营销和运营手段来做各种活动、工具、内容、策略等，能够快速影响转化，吸引用户，从数据看效果通常都很好。比如，在各个行业都极常见的价格折扣、优惠券和会员体系。这样的手段，大多都是追求短期效果而非长期用户价值。

我们举个实际例子，比如我们要开一个连锁的上门按摩店，在竞争环境中为了吸引更多按摩师来到平台上，必然要给新的按摩师提供比较高的收入，让他们觉得来到平台能赚到很多钱，这样公司才有足够大的吸引力。可是等按摩师加入平台后，一旦竞争环境变得没有那么严峻了，基于运营成本的考虑，我们很可能会削减按摩师的收入，至行业平均水平。短期内，按摩师不会离开平台，毕竟有极高的转移成本，但按摩师对平台的价值评估（平台是不是诚信，或者对平台是不是有感情）就会发生变化。结果就是，再遇到类似的竞争环境，按摩师很可能会强烈反弹，竞争对手在他们心里天然就是更有价值的，这块缺失的用户价值部分，不是简简单单就能弥补的。

在关注短期效果，或者以“运营用户”的视角思考问题时，我们就都会陷入无视长期价值的盲目状态。运营策略中，用户似乎是一个个数字，就像物理学里的质点，他们没有感情，没有主观意识，我们往这里砸钱，用户哗一下就涌入这里，我们往那边做一些引导，用户又哗一下跑到了那边。可是在真实环境里，用户思考的未必只是这种短期利益，还会考量像刚刚提到的平台的信任度、长期价值如何等问题。比如在按摩行业，补贴大战时大家关注的都是谁家更便宜，等便宜的热潮过去之后，用户依然会记住哪家的服务最好、效率最高，没有企业仅靠运营策略就能持续发展。

我在《从点子到产品》一书里提到过“黑魔法”，就是用精心设计的陷阱诱导用户做某件事。既然是陷阱，就有天然的弊端：用户只会吃一次亏，绝不会上第二次当。比如，用“小红点”这种提醒告诉用户，有重要的事情发生了，结果用户点击进去发现是一个导流广告。这样带来的流量当然很可观，但实际上牺牲的是用户未来“对小红点功能的信任感”，牺牲的是这个功能再拿来正常使用的价值。这样的“黑魔法”也是追求短期效果的典型，是忽视用户价值的手段。

可是，公司的执行者都要为具体的业务目标负责，不追求短期效果，组织压根儿就无法高效运作，那该怎么权衡呢？这方面我有些浅见，分为法治和人治两个方向：在法治上，要确立长期用户价值的关注指标，不能单纯追求 GMV（成交总额）、订单量这样的指标，还要看用户满意度、留存率这样的指标，这是基础；在人治上，还要提高大家的意识，知道自己所做的产品，究竟核心价值在哪里，不做破坏核心价值的事情，以及当遭遇有价值破坏的案例时，及时同步给所有相关方。

在企业价值和用户价值之间，永远都是权衡博弈的关系。我们既不能要求公司完全不考虑自己，去做公益慈善，也不能让公司在追求利益的过程中把每个用户都得罪了。这中间的取舍，的确是一门艺术。在它背后，是核心决策者能否意识到用户价值的问题。

我和老张的讨论

老　张：我比较在意的一点是，既然用公式来描述问题，却无法用公式量化，很难受。

刘　飞：其实量化的目的是让每个因子都有一个绝对值，在用户价值这个很主观的层面肯定是不可能的。公式的提出，还是用来进行相对比较。我们用公式能更好地理解因子之间的关系，以及因子与产品价值的关系。

拿到公式后，我们能知道哪种方法的产品价值更大，知道调整哪个变量，做哪些事情对产品价值的影响更大，就达到目的了。

老　张：勉强同意。一个产品只能有一个核心价值吗？

刘　飞：这倒不一定，还是要视产品的阶段而定。若是一个很小的创业项目，一下子就把盘子做得太大，要证明太多的价值，反而会让用户云里雾里，搞不清楚，这样也通常会做成用户价值的四不像，做不起来。

淘宝、微信这样的国民级大平台，自然可以承载许多功能和服务。以微信为例，如今至少有即时通信、内容社区、移动支付、生活服务等很扎实的核心价值，它们之间互为补充，能够产生更大的用户价值。

只不过，哪怕再大的平台，也会有层次鲜明的核心价值，并非所有功能和服务都是核心价值，仍然会有价值分层。对价值的理解和运用是一项核心竞争力。

小作业 （试着阅读下列文字，回答问题）

有一次我问同事一个问题，PC 时代，浏览量最高的页面是什么？答案是 IE 浏览器的 404 页面。我问大家，微软为什么不在这个页面放广告呢？同事们回答不出来。这个问题很有意思，为什么微软不在这么大流量的地方放广告呢？为什么微信不在启动页放开屏广告呢？大家可以自己去想。

——张小龙

在 2019 年微信公开课 PRO 上的演讲

你认为原因是什么？

第八章　用户体验 = 可用性 + 易用性 + 稳定性

用户体验存在四个维度

用户体验是个特别常见的词，不管是职业的产品经理，还是其他互联网从业者都爱提它。它也成为互联网思维的重要代言，深受传统企业的老板喜爱。不过既然是常用词，就难免会出现一个结果——成为一个筐，什么都能装。

前文在介绍用户体验的基本定义时已经提到，用户体验如今不单单是交互和视觉了，而是贯穿用户使用产品的整个生命周期的方方面面。只要是用户的感受，就是用户体验。从这个角度说用户体验是个筐，倒也没错。

只不过，把什么都当作用户体验，不做任何区分，事无巨细地关注所有用户的触点，最终往往是，要么疲于奔命，要么流于形式。有的公司会成立用户体验部门，以用户反馈为主导解决问题，这就会陷入用户反馈导向的解决思路：第一，像我们在讲需求时提到的，会陷入用户反馈就等于用户需求的错误思路中；第二，反馈是随机现象，反馈的信息不做主次区分，就会出现不符合我提到的第二个产品价值公式的情况；第三，有不少体验问题是用户不会反馈的，在“产品有解决办法却很蠢”的情况下，用户大都会抱怨几句，但很少会拨打客服电话或者留言，大多数收集到的反馈都是“产品没有解决办法”才不得已联系客服。

那么到底该怎么认知和解决用户体验问题？我会从四个维度来拆解，它们的定义如下：

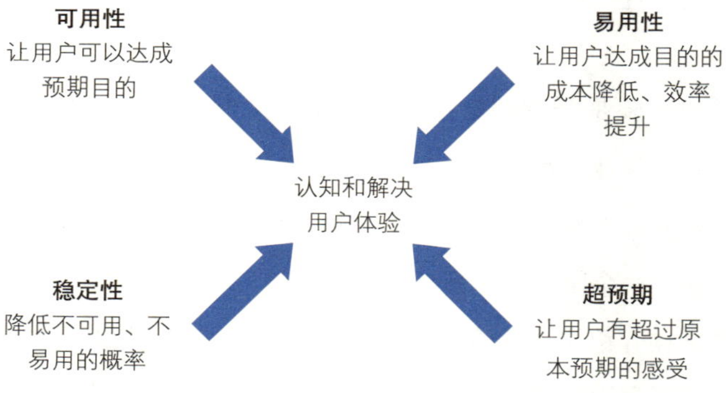

这四个维度除了前两个之间是严格区分的，其他维度互相的边界未必是严格清晰的，比如在有些情况下，异常过多就会导致用户认为产品不可用或者不易用；在有些情况下，用户认为有超预期的体验也是可用性的一部分。

可用性是用户价值的核心

可用性指的是让用户达成预期目的，通常也是核心用户价值的体验。我们举个例子，对于外卖产品来说，以下几个形态，实际上都具备了可用性：

- **电话：** 打电话给店家，直接跟店家订餐；
- **微信：** 加了店主的微信，给店主留言订餐；
- **代购：** 打电话给外卖代购，他们记录下来，再人工订餐；
- **公众号：** 餐厅是连锁餐厅，可以在它们的公众号上订餐；
- **外卖平台：** 外卖平台在线选择餐厅和餐品订餐。

不管是很传统的电话订外卖方式，还是如今已经惯用的用外卖平台在线订餐的方式，或笨拙，或便捷，总之都能订到同样的餐品，从可用性上来讲，这些方法都是接近的。

这样看来，可用性是不是很容易达成呢？其实未必。订餐看似是很容易满足的需求，但要做一个外卖平台很好地满足绝大多数用户的基本诉求，并不是特别容易。

我身边的一个朋友，吃汉堡只选汉堡王，而在他平时生活、工作的区域里，外卖平台 A 有汉堡王，B 没有。这时，哪怕 B 作为外卖平台，有顺畅的下单体验、完善的会员体系、丰富多样的菜品选择，在我的这个朋友的价值认知里，B 就是没有可用性，因为订不到他想吃的餐品。

再比如，有的高校不允许外卖员进入校园，而学生从宿舍出来到门口取餐的路程太长，尤其到了冬天之后，几乎没有学生愿意在平台上订餐。这类问题也属于体验严重到了一定程度，导致产品完全不可用的情况。

因此定义清楚了基于产品价值定位的产品可用性，就要先确保绝大多数场景下，用户能够达到自己的目的。阅读类工具在地铁或者停车场无法联网获取信息，那么是否可以做预加载？汉堡王餐厅不提供官方合作配送，那能否由平台想办法代购？外卖员无法进入高校，是否可以招募学生骑手来完成最后一段路的配送？这些看似都是“非主流”体验，但对于有些人的使用场景来说，就是可用与不可用的区别。

许多产品并不区分用户体验的层次，认为只要是用户反馈和需要的都要加以关注和解决，这最终会影响可用性，甚至直接导致产品不可用，核心价值丢失。

还是拿外卖平台举例，我记得早些年补贴大战的时候，多家平台都在重要节假日狂烧钱，砸补贴。一个活动日，补贴力度非常大，但是天气很差，各个平台的运力供给不足，最终订单量飙升。它们的业务目标也许都完成了，但用户的感知极差，大多数订单都超时了，不少订单在一个多小时后也找不到骑手接单，因而被取消。这种对可用性的破坏就是非常致命的。如今我们看到，电商、外卖、出行平台在消费者一侧的补贴会非常谨慎，大规模的补贴背后，都要确保快递、送餐和司机的运力充足。这也是为什么，每次大型的促销活动，比如“双 11”、春节等，各个平台的服务器性能都要提升到比前一年翻几倍的程度。如果产品无法正常使用，一切都是瞎扯。

在任何场景中，都要先确保可用性，这是用户体验的基础。如果映射到产品价值的第一个公式里，可用性差的产品，体验一定是零，没有任何商量余地。

易用性是用户达成目标的成本

回到前文订外卖的例子，不同的订餐方式都能达成目的，只是在用比较原始的方式时，用户会感叹“好麻烦啊”“好难用啊”。这种感叹表达的感受，就是易用性很差。

易用性不会影响用户达成目标，只影响用户达成目标的成本和对成本的感受。最早版本的火车票预订网站 12306 的体验非常糟糕，与日常大家使用的互联网产品比，无论从功能设计，还是从交互视觉设计而言，差距都很大。不过只要 12306 的订票功能能够良好运行，人们买到的票都可以真的用来坐火车，那它的可用性就是没问题的，需要优化的就是易用性。

若要用一个简单的词语定义易用性，就是“用户成本”。用户用任何产品完成任何任务，都是需要成本的。怎样降低这个成本，是产品在完成可用性基础上的终极目标。这个道理也很容易解释：

人天生就是懒惰的，或者天生就是追求“划算”的，希望付出更少，获得更多。如果楼下有家肯德基，我们就不会跑到5公里外的肯德基去吃东西。

以下是几个明显降低用户成本的例子：

- 对于许多悬疑片和剧情片，有人觉得自己看的时间成本太高，于是就出现了“图解电影”这样用电影截图加解读来讲故事的产品；
- 最近想读小说，与其在图书馆或者书店里翻来翻去寻找，不如告诉我，我身边的朋友都在读什么小说，很可能也是我喜欢的；
- 酒店里有太多灯具，要逐一开启或关闭非常麻烦，有的酒店会提供场景模式，可以选择“明亮”“阅读”“情趣”“睡眠”等不同的光线模式；
- 以前快递的运送状态需要去第三方网站查询，或者给客服打电话，如今电商网站都接入了快递实时状态更新，可以很方便看到快递状态。

实际上，一直以来有种说法就是，工具就是我们身体器官的延伸，我们平时使用的所有产品，也都可以说成是器官的延伸。没有平时接触的这些产品，我们也并不是无法生存，原始人在过去也生活得好好的。只不过，所有的产品都是在降低我们享受更好生活的成本：水、电、暖气、下水道系统低成本地解决了基础生活问题，餐厅和外卖低成本地解决了吃的问题，地铁、出租车、网约车、公交车、共享单车低成本地解决了出行问题，商场商店和电商平台低成本地解决了购买衣服和日用品的问题，等等。解决问题是可用性，而低成本地解决就是易用性。

从前文举的例子来看，根据使用成本由高到低排序，可能是这样的：

- **电话：**打电话给店家，直接跟店家订餐；
- **代购：**打电话给外卖代购，他们记录下来，再人工订餐；
- **微信：**加了店主的微信，给店主留言订餐；
- **公众号：**餐厅是连锁餐厅，可以在它们的公众号上订餐；
- **外卖平台：**外卖平台在线选择餐厅和餐品订餐。

体验差只要做到足够明确，用户就会逐步从 1 转化到 5，因为这样的成本最低。

关于易用性方面具体有哪些方法，有很多专家著书，网上也有不少文章，我在《从点子到产品》的第 6 章“用户体验”里提到了一些原则，可供大家参考。不过这些实际上还是停留在狭义的用户体验上，即交互体验和视觉体验的易用性。对于涉及线下体验的诸多产品，它们可能就没有那么适用了。

我建议的建设易用性的方法，是梳理产品整体体验的用户体验地图。

用户体验地图讲起来简单，就是将用户在使用产品时的所有触点都一一罗列出来，并且逐个评价其优劣，横向对比影响，决定到底哪个触点的体验更需要解决（背后也是用户成本思考）。用户体验地图的核心要求有以下三点：

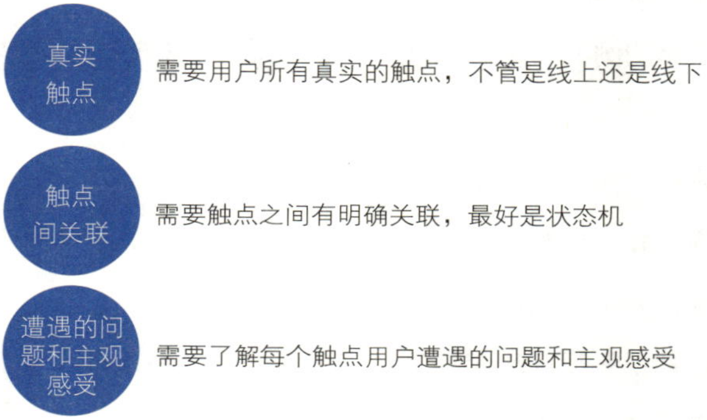

第一点强调的就是必须包含所有触点，除了前文提到的，要包括线下的流程，还要关注产品之外涉及产品的触点。例如，市场活动很容易被忽视，但假如有的市场活动里内嵌了注册链接，并且在注册介绍上与主产品的注册介绍有一定差异，就会让用户混淆，最终破坏体验。

第二点十分关键，与零散的体验点的总结不同的是，体验地图要求所有触点之间都要有关联，也要求标记清楚每个触点与其他触点的状态变化。这背后代表的是用户的连贯体验。我提到过，一个产品经理如果只负责某个页面，那是永远无法洞察用户的，因为他既不知道用户来之前的心智，也不知道走之后的心智，用户不会以单独页面的心智来使用产品，而会以“我要存入购物车”“我要买这个东西”“我要去付钱”这种心流使用产品。

第三点指的是，我们不仅要了解用户的触点，还要回到本质：用户到底怎么想，用户对触点的感受是怎样的。把触点的问题严重程度标记出来，才能够横向对比，确定对于我们的产品来说，到底哪个关键节点影响了用户的易用性。

网约车司机的体验地图会显示用户遭遇的触点，每个触点都有什么核心问题，有哪些用户成本需要解决和可以解决。体验地图的格式不是关键，关键是，作为用户体验的负责人，需要始终有一个体验全图，不管是在心里，还是落到纸面。

稳定性在复杂场景中有更高的要求

计算机工程领域有一个词语，叫鲁棒性，指系统是否健康和强壮，在异常和危险的情况下是否能够生存。对于产品体验来说，也存在这样的概念，也就是用户在各种场景下，是否能无异常地完成任务。

体验的稳定性在过去的纯线上产品中，出现异常的概率通常不高，或者用户感受不深。例如，对于搜索引擎来说，异常一般是指网页崩溃或者搜不到结果，这些情况出现的概率本身就很低，而且解决起来也不太难，刷新页面或者换个关键词搜索即可。

如今结合线下的互联网产品，出现异常的概率和影响程度都差别巨大。例如，对于网约车出行来说，乘客遭遇堵车、导航不准、GPS（全球定位系统）信息丢失、司机师傅爽约等异常的概率会远高于线上问题的概率，异常的概率在真实场景中很难降低。同时当乘客遇到类似的问题时，解决出口也远比刷新网页难得多，成本会非常高，这就让体验的稳定性变得异常重要了。

因此，场景越复杂的业务，对稳定性的要求越高。

面对稳定性，我们要解决以下两点：

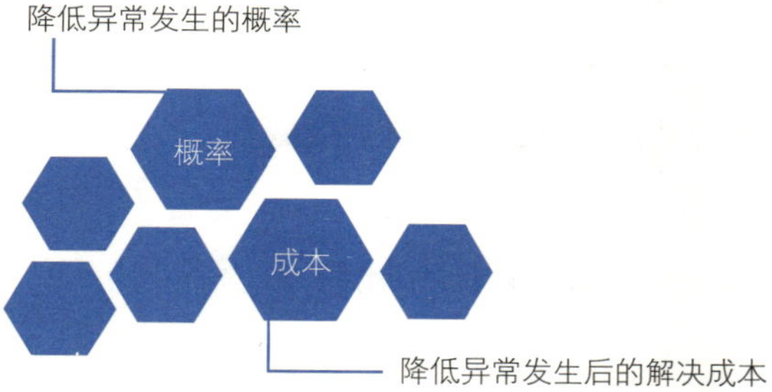

努力让 GPS 变得更准确，优化导航性能，做好司机管控等，这些是解决异常发生要关注的手段。在异常总是会发生的情况下，不管概率是 1%，还是 0.01%，都会影响用户，这时就要尽力降低异常发生后的解决成本，比如司机爽约后能否尽快给乘客转派订单。前文提到的支付宝的案例也是如此，既然无法确保绝对安全，那就用全额赔付来让异常发生后的用户成本为零，这样对用户体验的损伤就能降到最低。

稳定性对于用户体验意义重大。

先说可用性功能和服务的稳定性，在复杂场景下，它们出现异常的概率比较高，那就意味着经常会出现不可用的情况。假如不可用的情况会让用户彻底失望，用户就会离开产品寻求替代品。在可用性层面，稳定性并不是个数字问题，比如一个用户用了 100 次，只有 1 次会出问题，那这个用户就会理性地选择继续使用，这就是概率思维。我们前文也提到，大多数用户都是 0/1 思维，一旦受到严重伤害，用户不会判断概率问题，而是会一票否决。在金融安全、人身安全层面，尤其如此。

因此在可用性层面，首先要确保几乎所有的异常发生后都有降低成本的解决方法，其次就是要竭力优化异常发生的概率。有了这个意识后，就会发现有的新产品功能的价值，不如对旧的产品功能异常率做优化的价值大。

对于易用性的功能和服务的稳定性，影响程度通常不会特别严重。易用性毕竟原本就是降低用户使用成本的，如果易用性不稳定，出现异常，无非就是用户重新回到易用性较差的路径中继续使用，比如购物的推荐算法有问题，用户不理会就可以了，自己再去搜索查询。这种情况下，用户对异常的忍耐程度非常高。

值得注意的仍然是，易用性的功能和服务发生异常的后果到底是什么，会不会造成用户的成本剧增，成本剧增实际上会导致可用性降低，也需要着重解决这个问题。比如，在高峰期打车出行，网约车平台可以建议乘客付费调度一个比较远的司机来接，不用排队，这属于易用性层面的优化，提供给乘客更优的出口。但假如调度的司机过远，他到达乘客所在地花费的时间超过了乘客原本等车的时间，这就属于功能异常，乘客会多付成本来解决原来的问题。

甚至还有可能远程调度过来的司机在半途取消了订单，也会造成乘客成本增加。

总的来说，我们要考虑的体验层次，按重要程度由高到低排序，实际上应该是：

超预期体验并非用户体验的必要组成

在相当长的时间内，互联网产品和自称遵从互联网思维的企业都会提到一定要做超预期体验。在过去的产品设计理念里，也经常强调让人“眼前一亮”。这些不考虑具体情况的说法，误导了不少产品经理和产品设计师，让他们以为所谓的用户体验只是超预期体验。

超预期体验有两种定义：

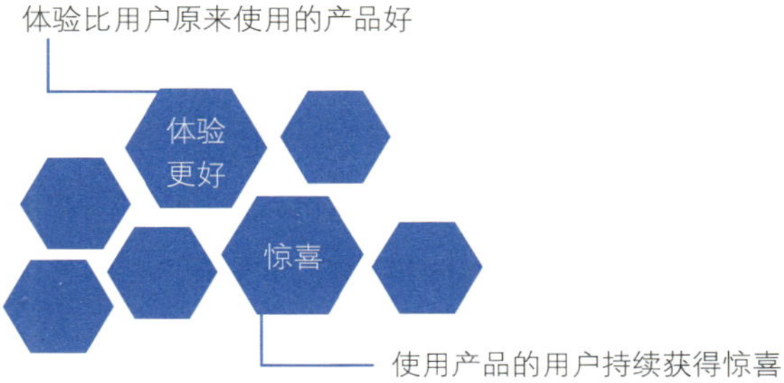

如果说的是第一种定义，其实逻辑是没问题的，也就是产品价值第一个公式里所述的新旧体验差。旧的体验是用户已经习惯了的预期，新的体验如果有体验差，在用户主观体验上的描述就是“超预期”。

大多数被误读的情况，都是认为要做超预期体验就是始终提供超过预期的体验。第二种定义下的超预期会有两个害处：

- 让人过于关注超预期体验，而不区分可用性和易用性；
- 破坏用户体验的稳定性。

先说第一点，忽视可用性和易用性。我们刚刚提到，用户体验的层次是要做区分的。

什么是超预期体验呢？这个模棱两可的词既可以形容可用性，也可以形容易用性，只要比用户原来使用的体验好，就可以叫作超预期。假如我们只从做体验差来做产品设计，很可能落入“哪个体验差最大”的陷阱里判断优先级。比如，一个产品的界面特别糟糕，又黑又丑，交互也不太好用，做整体视觉改版的体验差效果就会明显。然而，这是一个理财工具，还有不少用户不知道怎么转账，因为转账的功能太旧。看起来修改转账功能很简单，体验差不大，那么是不是应该先做更超出用户预期的功能？当然不是。转账对于理财工具来说是可用性层面的功能，而界面交互是易用性的功能，体验差不能放在一个层次上去比较。

第二点，破坏用户体验的稳定性。如果是永久性的超预期体验，本质上是功能优化，长期会给用户带来价值，这当然都有价值，是我们要做的，通常只需要做功能优先级的排序。但如果是间歇性的超预期体验，真的未必是一件好事。

用户会根据产品使用体验来锚定感知。比如我们是做坚果品牌的，发现在快递包装盒里赠送湿巾和开壳器会让用户有超预期体验，在预算不太够的情况下，我们决定间歇性地给用户提供赠品。结果会怎么样？结果很可能是，用户逐渐锚定正常的体验是有赠品，而没有赠品的体验变成了异常体验和差体验，这个超预期的体验就会适得其反。

用滴滴出行打车，打快车的时候用户会有一定的概率被分配给优享司机，原意是为了做用户转化，让快车用户体验到更好的服务，进而转化为愿意高消费的优享用户。但运行一段时间会发现，有的乘客经常会被“升舱”成优享，反而对服务标准的认知很不稳定，没有清楚分辨哪辆是优享，哪辆是快车，结果对快车的服务越发不满，认为平台整体的服务变差了。

因此，在用户体验上，我们要做的总结来说就是以下 4 个原则：

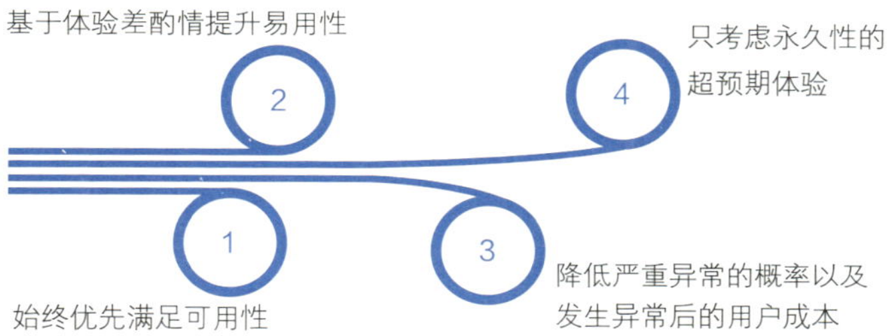

我和老张的讨论

老　张：最近有个朋友跟我聊，说他们公司的用户体验太糟糕了，大家普遍没有用户体验意识，所以公司想建立一个用户体验部门，从意识到流程机制上都做些优化。你怎么看？

刘　飞：如果这个用户体验部门是独立在业务部门和产品部门之外的，那就没有太大意义。道理很简单，无法脱离用户体验的实现过程去提升用户体验。这样的用户体验部门的角色通常会比较尴尬。假如老板授权较少，那这个部门就是个摆设，只是提提建议，看看指标，然后变成类似数据部门和质检的存在，无法深刻影响真正的用户体验。假如老板授权比较多，更麻烦，这个部门由于没有专业技能（产品、业务、运营），会缺乏对用户和产品的认知，频繁“干政”，改改这个方案，改改那个方案，变成业务障碍。

正确的做法还是要让会做核心决策的角色具备用户体验的意识，他做的决策最终会影响核心用户价值，他关注体验，最终才能实现用户的长期价值。比如，假设外卖的核心用户价值体现在餐品丰富度和配送准时率上，就要求能决策谈哪些合作餐厅，提供哪些餐品的人，以及做交易匹配策略的人，能够对用户体验有很强的意识。这种意识通常又是老板传递下来的，因此直白点说，这需要自上而下深入业务的决策者具备用户体验的意识，设立一个独立部门不能解决问题。

老　张：问个实际点儿的问题，在用户体验方面，产品和交互及视觉的配合关系是怎样的？谁说了算？

刘　飞：所有协作的工作都可以用两点做总结：第一，没有任何协作的边界是无比清晰、不容置疑的；第二，在模糊边界里的分工，需要不同角色提供各自专业领域的输入。

第一点很容易解释，想必不少人都会有同样的体验。一个活动策略，产品和运营都会有自己的想法。一个视觉调整，产品跟交互也会有意见不同的时候。从职责上，他们都应该是有权参与决策的。

不过，大家的角色不是没有意义的，不是说故意模糊边界，让大家去争执一个更折中的结果。其实，每个角色的专业能力是不同的，在有交集的地方就需要共同输入。例如，虽然交互和视觉设计师跟产品经理同样都是为了提升用户体验，但前者比较熟悉主流的交互体验概念和方法论，后者则在用户需求的认知和产品价值的认知上更专业一些，多个视角的看法都可以提供输入。

最终的决策权在谁手上，就要视这件事更需要谁的专业能力多一些而定。例如，更偏向视觉改版的方案，设计师就更有决策权；更偏向业务功能的方案，产品经理就更有决策权。在决策权不好判断的时候，就让老板来决策。

小作业

（试着阅读下列文字，回答问题）

从产品经理的角度来说，保险链带给用户的安全感来自它的简单透明，因为我知道它如何工作，所以相信它。相反，复杂的东西让我搞不明白，从而不知道在我需要它起作用的时候它是否靠得住。

——王兴
饭否

试着列举几个生活中类似因为“搞不明白”导致用户体验变差的现象。

产品

第三部分

落地

产品思维是从外到内的认知

认知用户等于对外界的认知，我们要先关注产品到底为谁而做，产品到底面向什么人，从这些人的人生故事到他们的心智模型，都要摸索清楚。而创造价值则是内外间的交互，我们既要思索用户视角的价值感受，也要思索我们做出的产品，在市场中相对而言的价值有多少，能够覆盖的用户有多少。

当认知外界到足够的程度后，我们就能对究竟要创造什么价值有了较清晰的理解。接下来，自然便是对内的理解：我们的产品到底该怎么构成，才能创造我们预想的价值?

常常有创业者会忽视这一点。“现在市场上缺少一款这样的产品给用户”，代表的是产品价值逻辑成立，但并不代表“我去做这款产品就一定能够成功”。从创意到实现，并非有足够的认知就行，还要包括至少两个核心逻辑：

- 供给侧能力；
- 迭代思维。

结合会贯穿整个产品生命周期的“科学思维”，我把它们总结为产品工作者一定要熟知和掌握的三项核心思维。

产品落地包含三个核心思维

不管是谁撰写商业计划书，在跟投资人表述完产品逻辑后（顺便一提，有不少创业者会缺失用户价值分析，这可能成为硬伤），往往都要明确讲出未来的工作该怎么开展，可能包括：

- 钱怎么花；
- 团队有谁、分工如何；
- 产品和服务的实现节奏怎样；

- 用户和市场增长的预期如何。

这些认知，在没有接触过互联网的人眼中，都会是黑盒的。比如，对于他们来说，可以看到发展了十几年的大企业是如何运转的，却通常看不到这十几年里，企业是如何从 0 到 1 发展起来，如何在各种关键节点绝地求生的。他们只能捕捉一小部分零碎的片段，如产品界面怎么设计的，某个营销活动怎么推广的，品牌怎么写的广告语等，其实企业管理和生产，是哪怕许多很轻量级的互联网公司都要面对的供给侧的难题，并非简简单单找几个人就可以完成的。

这也是为什么我建议还不熟悉互联网的朋友不要贸然创业，因为懂用户，懂价值，只是懂需求而非懂供给，这种情况下很难做出好产品。

这块就是供给侧的经验和逻辑，要有拆解需求一样的拆解能力和熟悉度。做网约车平台，司机怎么招募，怎么管理；做酒店服务，大的连锁酒店和小的房东都该如何建立渠道，如何设置合作机制；都不是容易的事情。哪怕再轻量一些的，知识社区怎样吸引高品质的答主，怎样促使他们愿意分享好内容，也要考虑清楚。

有了基本的供给侧逻辑，才能谈具体如何做产品。产品在落地阶段后，最关键的就是迭代思维。认知用户和做用户价值判断，认知行业和做供给侧逻辑判断，是先决条件，但是否符合真实世界的逻辑，没有人能提前准确预测，这中间的不确定性，就要靠迭代思维来弥补。

我们通过数据和用户行为来整体分析产品的运作过程是否符合我们的预期，并且随时拿设想的价值判断来做验证，会慢慢让产品往我们想要的方向演进。

在迭代思维底层，或者说在本书提到的几乎所有价值判断方法和思维的底层，都是科学思维。表面看起来科学与我们正在做的事情关联不大，但本书提到的每一个内容、产品思维包括的每一条法则，实际上都应当算是社会科学范畴的结论。在抽象层面提供方法论，是产品经理和产品设计者与社会学家都需要掌握的能力。

第九章　深入场景，探索供给侧的价值

如果我们把用户定义为狭义上的产品和服务的最终使用者，那供给侧通常分为两种情况：

- 单向提供功能和服务的产品，供给侧就是如何制造产品和提供服务的团队及资源，我们可以称之为独立品牌产品；
- 多方撮合的平台型产品，供给侧就不仅包括平台本身所需的团队和资源，还包括撮合的非狭义用户之外的用户，比如商家或者服务者，我们可以称之为平台类产品。

这两种供给方法有本质的区别，供给逻辑和产品落地方法也有极大的差别。

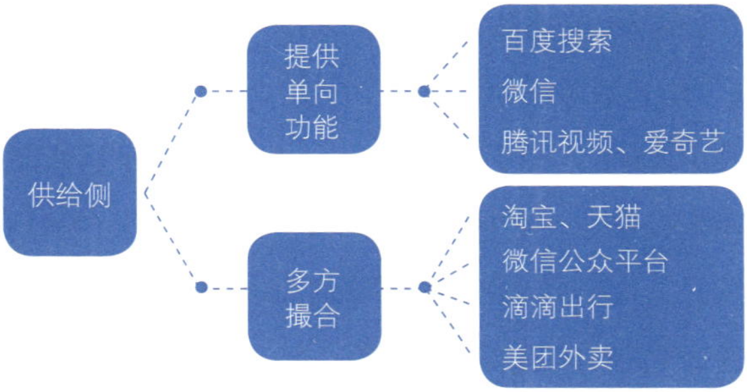

独立品牌产品常见的有：

- 百度搜索，提供搜索服务；
- 微信，提供通信功能；
- 腾讯视频、爱奇艺，提供视频娱乐服务。

平台类的产品常见的有：

- 淘宝、天猫，撮合商家和消费者；
- 微信公众平台，撮合公众号作者和读者；
- 滴滴出行，撮合司机和乘客；
- 美团外卖，撮合商家、外卖骑手和消费者。

独立品牌产品和平台类产品的供给侧逻辑的差别，简单来说，独立品牌更关注自己完成的“功能体验”和“服务品质”，而平台类产品更关注的是赋能给B端供给侧的用户，让他们具备足够的“功能体验”和“服务品质”。

值得注意的是，如今的平台类产品都逐渐有了独立品牌产品的特性：用户会关注平台的品牌背书，也就要求平台不仅仅做好撮合，也要做好B端供给侧的服务品质把关，用户一旦出了问题，首先想到的并非只是B端这个角色有问题，而是平台做得不够。这在电商领域、出行领域、外卖领域都普遍存在，大家买到假货，不仅会要求商家退货，更会指责平台管控不严格，要求平台封杀这些有风险的商家；大家在某个餐厅订外卖食物中毒，不仅要求外卖餐厅负责，也会要求平台承担责任；等等。

这是用户心智层面的预期问题，不以平台自己的意志为转移。另外，倒不是不能提供纯粹的信息撮合平台，完全不关心品控和商家管理这样的产品，而是这样的产品对于用户来说，信任成本实在太高了，尤其在出行和外卖领域关乎的都是健康安全的大问题，用户很难建立信任。全国性的大型互联网平台，为服务品质做出了或明或暗的承诺，用户才愿意使用平台的产品，久而久之，对产品的预期也越来越高。这两个因素相辅相成，导致了目前的结果——做平台型产品，要为供给侧的质量做出品牌背书，单纯撮合的意义不大了。

比较轻的平台类产品内容社区——微博、知乎、微信公众号——都要为自己的内容负责，对谣言、谩骂、抄袭等污染内容环境的不友好行为，都要做许多供给侧把控，才足以为读者提供良好的阅读交流环境。2018年，某位内容社区联合创始人为产品中内容管理的失职辩护，说社区氛围是需要用户自己去净化的，简直是贻笑大方。照这种逻辑，可能司机和乘客的纠纷、餐厅和消费者的纠纷，也都应放任他们自己去撕扯就好了。

因此从这层意义上说，平台类产品的供给侧也已经逐步往独立品牌产品的方向演进了。这就意味着，平台类产品不仅要像独立品牌产品一样，想办法为狭义的 C 端用户提供良好的功能和服务，还要面临供给侧不是自营、管控能力差、B 端分散的窘境，需要有更强大的组织协调管理能力才能够完成这一目标。

我在滴滴出行工作时面对的司机群体，就是很特殊的用户角色：一方面，他们也是网约车平台的用户，他们也会使用 App，也需要平台为他们创造价值（核心是订单收入），要重视他们的体验；另一方面，他们又是为乘客提供服务的供给侧角色，我们在乘客价值视角里要提供符合预期的、高服务品质的、稳定的运力，这看起来又像是供给组织里的一员。如何权衡这两个角色定位的关系，成了如何做供给侧的重要逻辑判断。

确认我们的产品属于何种类型的供给方法，就可以确认我们该怎么做供给侧的画像。

供给侧画像是认知供给侧的起点

跟用户画像类似，我们也需要一套供给侧的画像描述，而且这个描述应该是由用户画像、用户价值作为先决条件的，即我们需要获取什么样的用户，需要创造什么样的价值，再考量什么样的供给侧能够完成这样的逻辑，最终获取对应的供给侧角色和资源。

如果我们做网约车平台，那么为乘客提供服务的自然就是司机，而全职司机的画像相对清楚，大多数人之前的职业会是司机；还有不少是有车、有驾照的兼职司机，他们的画像就复杂得多了，可能是做小生意的，可能是自由职业者，也可能是上班族。

当决定供给侧画像策略时，我们还是要从需求出发去分析供给，而不是相反。单纯从司机视角看，按法规规定，左下肢残疾的残疾人司机是可以驾驶自动挡汽车的，但从作为服务行业的网约车平台看，残疾人司机未必可以提供我们要求的标准化服务，还可能带来乘客的警惕和恐慌，因此这类司机可能就无法成为供给侧的司机。

又或者，我们要做的是新的品类——旅游用车，那么对司机就有了更高的要求，不只是能简单驾驶车辆就可以，也许还要培训司机，让他们对旅游路线特别熟悉，有良好的服务意识，甚至可以讲英语。这种高门槛的筛选就是基础，基于门槛再去判断什么样的人能够成为这样的司机，就是供给侧画像要做的判断。

如果我们是做外卖配送产品，要为消费者提供良好的配送服务，以收入作为核心的供给侧用户的价值，那外卖员的用户画像大概是什么样的？做了拆解后，画像就会逐渐清晰起来——在大城市务工的年轻人：第一，相较年纪比较大的人，他们没有太多的积蓄，买车、租车相对奢侈，电瓶车和摩托车的成本是可以承受的；

第二，他们能够快速学习复杂的拼单配送操作流程，也有比年纪更大的人更好的学习意识、服务意识；第三，跟当地人比较，收入对他们来说更有吸引力。基于这样的画像就能够快速寻找到对应的供给侧用户了。

内容社区也要有这样的思考逻辑。创作内容的是什么样的人？微博、豆瓣、知乎、虎扑可能截然不同。他们的预期收益又是怎样的？是实际收入、影响力、社交机会，还是纯粹被人赞同的精神奖励？这也需要思考。对内容供给的用户画像思考不清，把他们与真正的用户——读者混在一起考虑，结果就是无法将社区的内容做得更有价值、更有品质。

以上描述的都是在平台类产品中，供给侧用户画像的推演方法。不管是平台类产品，还是独立品牌产品，除了这类非常接近用户画像的供给侧画像，还要考虑另外一些画像，就是要确保最终提供给消费者的功能和服务的体验，整体工序中还需要哪些角色。这个通常要有丰富的行业知识，是较难决策的。

如图所示，这是一个简化版的外卖平台的供给侧逻辑示意图。从上方微观视角看，用户的每个订单都存在一些流程，包括要保障点餐时的餐品多样性、送达的准时率和服务质量，以及整体点餐下单流程的体验；从下方宏观视角看，是前文提到的用户的生命周期，不同的阶段用户的心智不同，需要差异化的维护手段。中间不在普通用户视野之内的就是我们要做的供给侧逻辑，这对于外界通常是黑盒，加粗字体就是我们要有的供给侧角色，不仅仅包括骑手，还有产品、技术、运营、商务拓展、市场等人员，他们分别应该为用户哪个阶段的哪类体验负责，就决定了他们的角色定位和画像是什么样的。

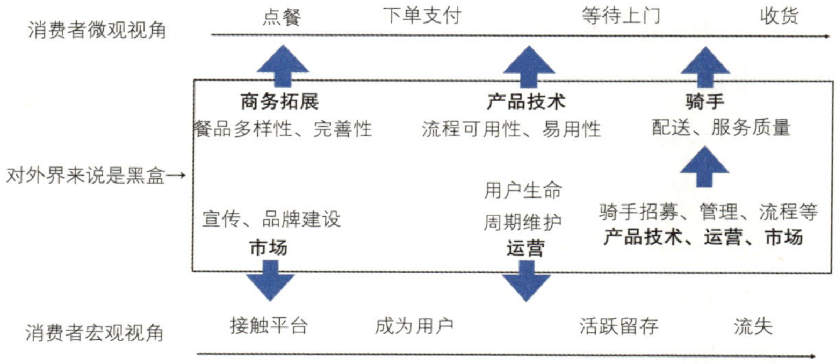

用户的价值决定了供给侧的价值，也就是说，我们认知到了产品或者服务的核心价值是什么，就更应该把这个价值做好。餐品的多样性和点餐流程是可用性层面的问题，因此我们看到大多数外卖平台会尽可能先把这两点做好，它们会在拓展合作餐厅和完善支付体验上下功夫，商务拓展和产品技术能力就至关重要。等这方面的体验相对完善后，大部分用户关注的就成了送餐时间是否准时，于是外卖平台纷纷建立了自营的配送服务而逐渐清除掉商家自配送的情况，这背后又需要强大的骑手招募、管理和产品体验的团队等。

在判断核心用户价值和逐步进化的过程中，我们落实产品的核心供给侧角色也在逐步变化。出色的企业家和产品决策者很清楚当前为了用户价值，哪件事是最重要的，又应该由什么角色来完成。

我在许多文章里提过，“你想出了好点子”不代表“你就是做这件事最合适的人”。除了非常少见的小而美的纯线上应用，几乎没有能独立完成交付的产品。那么不管是在创业时寻求合伙人，还是在大企业的产品中完成一个重要模块，都需要判断你最需要的合作伙伴和资源。在创业时，做旅游产品和社交产品所需要的产品经理不同，技术偏向的领域也不同。在大企业，你想做一个好的调度系统，需要算法工程师的支持，而要做一个酷炫的营销系统，就更需要有丰富经验的 B 端后台工程师的支持。

这也是为什么当你把一个逻辑完善、价值分析很清楚的旅游创业项目展示给投资人，却没有一个旅游行业出身的合伙人时，投资人都不太会贸然给你投资的原因。本质上就是，你和你的团队即便能把需求侧的逻辑梳理得特别清晰，可能否做好供给侧，是有大大的问号的，甚至由于不了解行业，连到底需要什么样的人都可能不清楚。

供给侧的画像未必只是指第三方的供给、合作伙伴、合伙人、员工这样真实的人，也可能是人脉、资源甚至钱。有的行业在充分竞争的市场里，需要大量的补贴，是否有足够的资金就是个问题；有的行业是极其本土化的市场，没有当地有效的渠道资源，根本无法渗透，这也是个问题。许多情况限制着我们满足用户需求、给用户提供价值的方法和手段。

总之，供给侧画像回答的就是一个问题：我们知道了用户价值，需要什么条件，要做什么才能实现它？

用供给侧场景来检验供给侧真实程度

就像用户场景可以帮我们检验用户需求的真实程度一样，供给侧场景也能帮助我们更好地判断供给侧是否存在真实场景下的逻辑疏漏。

曾经有个朋友寻求我的帮助，他是这样描述自己的产品创意的：“现在的年轻人都有寂寞无聊的时候找些志同道合的朋友的需求，可是我发现许多论坛和社区的门槛都比较高，人们难以融入。通过‘摇一摇’和‘附近的人’这类功能，寻找一个聊得来的人，并有收获，也比较难。我的想法是这样的，我们做一个根据主题临时匹配的聊天室，人员都是随机组成的。比如你喜欢滑雪，那么当你搜索到与滑雪相关的聊天室时，就可以立刻参与讨论。这一方面能确保你找到了志同道合的朋友，另一方面也没有什么门槛，随时随地都能开始聊天。这样能结识朋友，又能获得一些有用的信息，两全其美！”

他讲到的本质需求没问题，毕竟社交和社区两类产品背后代表的用户需求自从互联网兴起后就从来没有衰落过。不过他说的这种随机匹配的模式，从供给侧的真实场景看，能顺利达成吗？

这至少存在以下 4 个问题。

第一，设想具体的场景，由于加入聊天室的时机是随机的，新用户依然无法快速加入主题，也有交流门槛。新用户需要先熟悉大家沟通的内容，才能参与。

第二，他提到的模式假设每个话题的聊天室里都存在优质的内容输出者，但很有可能存在的真实场景是，许多人想到滑雪主题聊天室里了解滑雪常识，结果发现这个聊天室里全是新人，根本无法获取有效信息。

第三，如果我们真的要保证有内容输出者存在，这些人的诉求是什么？能否确保他们愿意在这些聊天室里保持活跃？还存在更麻烦、更让人头大的问题，我们一旦给内容输出者好处和利益，就会有大量的用户谎报自己的专业能力。平台能不能具备这种审查能力？成本有多高？

第四，像知乎、虎扑这样的内容社区，虽然融入门槛高，但获取有效信息的门槛并不高，社区的内容沉淀能力远远强于社交工具，聊天室的内容是无法沉淀的。另外，知乎、虎扑除了有官方认证，每个用户的赞同数、关注数和在某些领域的知名度，都是社区沉淀出来的这个人的标签，也能够间接反映他的内容质量，对于新用户来说也是很好的获取信息的渠道。

不止这 4 点，其实还有许多问题，都是放到真实场景中才会发现的种种逻辑漏洞。

我们在设计产品时，通常相对容易假设用户的需求满足流程，毕竟这样的场景我们足够熟悉，但很难假设供给侧的供给流程，尤其在不熟悉互联网企业及行业领域的运作方式时。这就要求我们还是要具备足够的行业经验，才能判断真实场景。

供给侧的场景的要求是把上一节里提到的供给侧角色所在的黑盒里的所有角色、资源的流转过程完全梳理清楚，不要存在模棱两可和不确定的节点。这种不确定的节点在未来具体推进中势必会变成真实的灾难。

供给侧创新：模式创新与技术创新

从纯粹用户的视角看，我们在创造价值差或者体验差，而从企业的视角看，我们在创造成本差，即能否用更高效的手段达成同样质量的体验。在极端情况下，甚至可能是用户使用体验没有太多变化，而成本大大缩减，导致行业价格大幅下滑，带来用户价格体验的大幅提升，比如现在发送微信消息和当年发送短信消息比，平均成本已经下降了不止一个台阶。

不管是创造体验差，还是创造成本差，相较旧体验的行业和产品，我们使用的方法无非就是两种：模式创新和技术创新。这也是我们在思考供给侧逻辑时的核心要素，我们要做得比别人好，肯定不能只是靠把用户价值和供给逻辑分析清楚，还要关注到底能否更低成本地达成预期。比如，我们都知道智能手机的屏占比越大越好，甚至做成透明的更佳，可是我们不具备这种技术创新能力，或者说成本无限高，那其实整个产品逻辑就没有意义。

模式创新通常源于新要素进入市场，能够依赖新要素对旧模式进行改造，从而从成本和体验上达成俱佳结果的方式。

互联网史上的几次核心的新要素进入都带来了模式创新的知名产品，如下表所示。其中移动支付这个新要素带来的更多是基于位置的服务（LBS）产品的兴起。它们的创新更多是极好地抓住时机，在新要素的生态下探索出了新的用户体验方式，让用户体验差变得非常大，比如出行领域的网约车与出租车比较，叫车效率和车上服务的体验差很大；抖音较过去优酷等 PC 端网页产品，沉浸式的交互体验和更便捷的 UGC（用户原创内容）模式都制造了体验差。

新要素带来的新机会

新要素	信息获取	通信社交	购物消费	生活服务	视频娱乐
互联网	百度	QQ	淘宝	58 同城，赶集网	优酷，土豆
移动互联网	今日头条，公众号，微博	微信	拼多多，小红书	团购	抖音，快手
移动支付			盒马	出行，外卖	

也正因为巨头公司往往都是模式创新中的佼佼者，才让更多的草根创业者看到了曙光，认为互联网创业都应当是这样的模式创新。但实际上很残酷的是，模式创新所需的天时、地利、人和的要求都非常苛刻，且像过去那么密集的新要素兴起的机会已经暂时没有了，下个新要素是什么，什么时候会来，其实是遥遥无期的。而在当下要素已经相对稳定的情况下（指的是以 PC、智能手机、移

动流量为基础的移动互联网 + 移动支付时代），再想突破一个新模式，几乎是不可能的。也许唯一可以考虑的，就是即将到来的 5G 时代，在更快的流量这个新要素下可能有少量的模式创新机会。

在互联网核心要素比较稳定的阶段，技术创新才是比较常见的创业形态。这个技术未必指的只是工程代码那样的技术，也包括算法技术、硬件技术，甚至辅佐运营市场的技术、项目管理的技术等。总之，是否能够利用现有的能力，让供给侧有更高效、更低成本的运作方式，都是可以做技术创新探索的。

腾讯在 2018 年提出了产业互联网的口号，做了不少调整，集中精力做 B 端供给侧的改革，也是认识到在消费侧变革创新的机会没那么多了，或者反过来说，供给侧的创新空间还很大。实际上，我们回过头看过去互联网产品的创新模式，的确大多是消费侧创新，要么是产品体验变好（搜索、通信、购物、打车），要么是运营侧的手段更熟练（补贴大战、会员体系、增长黑客），绝大多数公司赶走了硅谷来的敌人，靠的也并非技术创新，而是类似的模式创新下，对本地化运营的熟悉程度。这些新兴模式背后的技术基础甚至产品逻辑（无论是互联网、智能手机、移动支付，还是人机交互规范、数据思维、敏捷开发方法）的核心能力几乎都来自大洋彼岸。

因此，可以预期在未来相当长的一段新要素没有来到的时期内，踏踏实实做技术创新的公司会有更多机会，像人工智能这种在消费侧价值已经比较成熟的技术领域（比如搜索、推荐、调度分单、智能营销），在许多供给侧的价值创造方面依然还有很长的路要走。

两类商业模式：流量与交易

在做供给侧时，商业价值是不可能绕开的最后一层逻辑。当我们纸上谈兵尚未开始行动前，也要把基本的账算清楚，或者至少把预测想象中的账算清楚。

商业价值从最粗略的角度分，只有两类，一类叫作流量模式，另一类叫作交易模式。前者是传统的纯线上互联网产品常见的模式，百度搜索、今日头条这样的信息获取工具，或者陌陌、QQ 这样的免费社交产品，就是典型的流量商业模式产品。后者则更像是基于传统行业的互联网改造带来的模式，比如消费品行业的淘宝和京东，出行行业的滴滴出行，餐饮行业的美团和饿了么，都是交易商业模式。

流量模式引入的商业模式通常都是广告，百度和今日头条都是如此，微信公众号和知乎的部分商业营收也是商业广告。这种模式下，对做好商业化的要求就是找到更好的广告主以及提供更精准的服务。互联网产品比地铁广告、公交车广告这类场景有天然的优势，就是可以千人千面，让每个人看到不同的广告。

流量模式下，还有一类特殊的模式，就是基于流量做商业变现的转化，比如豆瓣社区是很大的流量平台，就可以将豆瓣电影的用户导流给豆瓣电影日历这个产品，相当于流量与交易的结合模式，本质上仍然是广告导流，只是导给了平台内的另一个产品。QQ也是如此，只是会结合得更加紧密，用QQ秀、QQ空间等产品的增值服务来做流量的变现转化。陌陌也有专门的商业化部门，探索陌陌的海量用户是通过游戏还是通过直播快速变现。

在流量模式的这类产品的公司里，一般会分为主产品和商业化产品两种角色，这也是大量商业产品经理存在的原因，他们要探索用户在哪里更愿意付费，以什么形式付费。不同类型的公司，商业产品经理关注的事情也天差地别，有的公司商业化主要是广告，商业产品经理实际上就是广告产品经理；有的公司商业化产品复杂多样，实际上也可以称为商业敏感度的用户产品经理。

交易模式的产品分为两个类型，一个是平台型，一个是自营型。像网易严选、小米这样的自营型公司，在商业模式上与传统企业没什么太大的区别，所有供给环节几乎都把控在自己手里，于是商业营收就是售卖的利润。像滴滴出行和美团外卖这样的平台型公司，商业模式就复杂得多，涉及多方的利益关系，本质上依然是赚取中间的差价。

不管是流量模式还是交易模式，互联网产品的商业模式有个核心因素——要有一定的规模效应，或者在一定的阈值后，边际收益逐步增加，边际成本逐步降低，否则就会得不偿失。比如我们做一个外卖平台，模式探索清晰后，全国各大城市几乎都可以复用。但我们要做一个K-12教育培训平台，企图进入所有中小学，就会发现所有城市的教学内容、师资能力、教学设施甚至包括政府人员的观念都差异巨大，那就相当于每做一个城市，就会有固定的成本，而不会有更低的边际成本，这时哪怕对前期用户价值思考得再清楚，长期来看，商业模式还是不太成立。

我和老张的讨论

老　张：有个问题是，假设我们要创业，是基于用户价值定义产品，然后探索供给侧逻辑，看看需要什么资源，还是基于现有的资源，得到供给侧优势，然后寻找用户，再定义产品呢？

刘　飞：这没有标准的方法，其实都可以。有的人比较熟悉某个特定行业，或者有一些特殊资源，那完全可以基于它们寻找比较合适的方向；有的人发现了新的用户价值场景，能够梳理清楚供给侧的逻辑并找到相关的资源，这样也很好。

顺序不重要，不过两个因素都要考虑周全。在常见的创业失败案例里，要么就是自诩很了解行业或者掌握了某些资源，压根儿不关心自己的产品核心价值是什么，用户需要什么；要么就是只觉得自己洞察到了用户价值，也不管自己能不能搞定最核心的功能和服务背后的供给资源。

老　张：供给侧逻辑里，到底怎么获取到画像，怎么考虑场景，怎么看需要，你介绍的方法似乎比较少。

刘　飞：这同样由于没有标准的判断方法，行业差异实在太大了。有的行业提供的是服务，缺的是服务者，那服务者的招募、管理和留存就很重要；有的行业提供的是商品，缺的是供应链能力和配送能力。在不同的服务行业里，对服务者的招募和管理又会用全然不同的方法，毕竟这些对象有各自的特点，服务场景也有很大区别。考虑到这些复杂的实际因素，我就不越俎代庖，给出明确的建议了，只是强调了一下供给侧逻辑这一重要的意识。

小作业 （试着阅读下列文字，回答问题）

"这可能是第一条5G网络下的微博吧。"

——2018年11月22日晚，
小米总裁林斌发布的新浪微博

试着猜想5G时代到来后，互联网行业的供给侧可能发生哪些变革。

第十章　以四个步骤驱动产品迭代

迭代思维的运转逻辑大概分为以下四个步骤，循环往复。

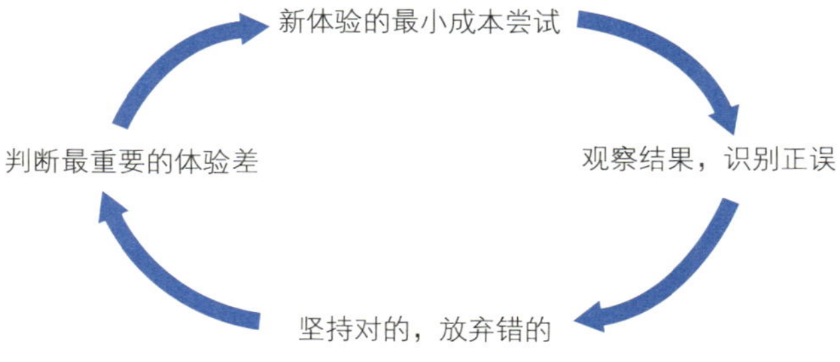

第一，判断最重要的体验差。在体验差最大化的核心指导思想下，我们可以找到最重要的体验差是什么以及该做什么。如果是一个从 0 到 1 的产品，那需要判断产品核心价值和用户核心体验（可用性），比如一些生活服务类产品，就是服务本身能够完成闭环，外卖平台可以订到外卖，出行平台可以打到车。如果是一个非常成熟的产品，那要判断接下来要关注的最重要的用户体验优化方向，比如相对成熟的美团外卖或滴滴出行，就会更关注减少异常场景的发生，尽量减少送餐超时和接驾太远等情况。

第二，新体验的最小成本尝试。用最低成本去试验我们的方法是不是真的可以解决问题，比如让用户可以订到外卖，未必需要功能完善的 App，哪怕大部分环节都需要人工才可以先让业务运转起来。比如要优化一个派单算法，提升送餐准时送达率，也可以先小范围做一轮试验，看看结果如何。

第三，观察结果，识别正误。近几年大火的数据分析师岗位的职责就是帮助我们清晰地认知所有行为与结果之间的关联（他们可不是只负责统计订单量、用户数量），有科学的分析和对用户的正确感知，我们就能知道所做的最小成本尝试是否奏效，以及不奏效的原因究竟是什么。

第四，坚持对的，放弃错的。了解到结果之后，接下来就是快速迭代，把正确的坚持下去，把有问题的那些错误判断、错误方案都摒弃掉。

这四个步骤循环往复，构成了迭代思维的核心逻辑。第一个步骤的主要决策逻辑已经在前文关于用户价值和产品价值的讨论中讲述过了，接下来我们就后面三个步骤展开讨论。

新体验要做最小成本尝试

最小成本尝试是为了验证新体验的方案和我们的判断是否奏效，需要满足以下三个要点：

- 不能过于简陋和变形，导致无法验证判断的正误；
- 在这个基础上，成本最小化完成尝试的方案；
- 尝试前要确定预期和判断标准。

第一点极为重要，有不少人听说了 MVP（最简可行产品）的概念，就为了 MVP 而 MVP，做出的产品其实离原本想实现的用户价值差别很大，最终结果不好，但这也很难证明是对用户价值的判断有问题。假如我们做外卖平台，对核心用户价值的判断是餐品的多样化，那订餐流程哪怕在线下也没有关系，确保订餐时用户能订到各种各样的餐品就好了；但假如我们对核心用户价值的判断是线上支付的便捷，那订餐流程先在线下搭建就没有任何意义了。

对于诸多体验感知复杂、需要很多细节补充的产品，对用户来说是一个整体体验，的确不太好用 MVP 的模式来探索。比如游戏这种娱乐化产品，就不太好在画面、音效、游戏性等方面有偷工减料的同时还能验证用户需求，最多会在删减主线的情况下给出内测版本，也绝不会只给太简陋的版本。

的确存在无法将功能删减为最低成本形式的产品，但这并不多见。我所见到的大部分对 MVP 判断失误的情况，实际上都是“做多了”而非“做少了”。尤其是过去几年参与创业潮的传统行业的老板，由于对互联网用户的价值和体验判断并不准确，也不熟悉迭代思维，于是刚开始就做了大而全的 App，最后钱花了不少，却看不到问题：因为不是 MVP，相当于同时在验证无数问题，结果就是每个问题都验证不出（我们也要警惕那种大而全的产品项目和运营项目，以头脑风暴和闭关的形式输出一份复杂的执行手册）。

知名的二手书产品多抓鱼的创始人猫助是这么描述她的产品的第一个版本的：“我们找了一些可能有意愿卖二手书的朋友，然后说‘如果你想卖书就 @ 群主，群主会给你约快递，最后群主会单独把钱打给你’。群主收到书之后会把书名写在 Excel 里，然后再发到群里说‘我们今天上新了，快来挑挑你喜欢的书’。这就是最早的多抓鱼。”这是我见过的最典型的 MVP 之一。

有了 MVP 的判断后，我们就要进行下一步的试验了。对于创业公司和从 0 到 1 的产品，无须多说，投放到目标市场就可以了，以某些营销策略让用户先能够使用产品。更常见一些的是大公司的试验方法，通常有：

- 灰度（或称小流量）试验；
- A/B 试验。

灰度试验是选定一部分特殊目标用户，或者随机选定一部分用户，先行试验。这其实也是从可控性方面成本最低的方法，目标通常是查看有效性和有哪些异常问题需要解决。在比较大的公司和平台，会有健全的灰度试验工具和方法论，用以检验每一个上线的功能和策略的有效性，也会监控它们是否引起严重的问题。在较小的公司，则需要技术人员手工实现了。

A/B 试验其实是灰度试验的进阶，即同时投放到市场中两套拿不准的方案，看哪个方案效果更好、问题更少。真正将 A/B 试验的效果发挥到极致的是脸书，而国内的效仿者字节跳动在这方面的功底也非常深厚。它快速试验的方法论和技术能力已经是顶尖的，有专门的 Growth（增长）团队在提供方法论和技术能力方面的平台支撑，赋能给每一个项目团队，以此形成了流水线工厂一般的制造能力。甚至有传说，连它旗下产品“西瓜视频”的名字都是从几十个名字里试验得到的最佳用户选择。

确定试验方法的同时，一定要有明确的预期和判断标准，否则所谓的“迭代思维”就会流于形式。有不少自认为了解迭代思维的互联网公司，会反复做最小成本版本和 A/B 试验，却从来不复盘，也不关心过去判断的正误，那跟没有做迭代并没什么区别，是属于“自上而下式的设计”，不是基于用户的“自下而上式的设计”。

一些抽象的用户价值的试验，可以以用户对产品模式或产品功能的反馈为标准，更需要调研结论来做支撑。如果要验证业务效果，比如用户增长、留存等，则需要有统计学意义的显著有效的特征，才能证明收益。

用数据观察结果，做分析识别正误

我们在迭代过程中，需要观察的结果大致有两种：用户反馈和行为数据。在判断结果时的原则是，如果有明确的行为数据，首要考虑的还是行为数据，毕竟数据是相对客观的呈现，且能够量化。

不过数据也并非是万能的，采集数据、分析数据的过程是由人来完成的，这就会存在前文提到的认知偏误，哪怕同样的数据，不同人的认知也会有一些差别，因此在下一节中我会讲到一些数据方面的认知偏误。另外，的确有不少的观察结果是很难用数据得到的，数据通常只能告诉我们“用户的行为是这样的”，不能让我们知道“用户的行为为什么是这样的”。比如，我们预想效果会不错的功能上线了，结果发现用户数据很差，没有用户愿意使用，这是数据层面可以告诉我们的，但究竟是功能提示不明显，用户搞不清楚这个功能是做什么的，还是用户其实清楚这个功能是什么，只是并不认为有用，这就需要通过用户反馈来完成了，它们会导向不同的改进方法（是增强说明提示，还是优化产品价值）。

因此常规的做法，在条件允许的情况下，都是数据先行，先观测用户的基础行为数据，看我们做的最小成本尝试在用户群体中的影响如何：用户是不是在用，在如何使用，然后做一些推论假设。这要求我们提前做好计划，尤其是在重要的使用环节，分析有多少用户经过了这个节点，每个用户的路径如何，至关重要。

当我们有了一些基于数据的推论假设后，就可以根据它们做进一步分析拆解，看背后的原因究竟是什么。用户调研，无论是用户问卷形式的调研，还是街头访谈，或者是电话回访和焦点小组，主要看是定量还是定性，线上的批量调研形式更适合定量，而线下的集中式访谈更适合定性。

经过对结果的观察，我们就能大概识别出正误。要再强调的是，所谓的正误或者与预期有异，是基于我们在实验之前的假设或者预期，没有什么绝对的标准，比如哪个功能做到提升 20% 的用户活跃度就是对的，提升 10% 就是错的，预期是从产品决策的视角人为设定的，没有价值观上的对错之分。我们需要做的，是当预期提升 20% 时，结果只提升了 5%，确认到底哪里出了问题，是否有优化空间，还是这条路压根儿就走不通。或者提升到了 30%，我们要确认之前的判断是否正确，还有哪些没有想到的（甚至很有可能是碰巧触动了意想不到的用户价值，也未可知）。

判断了正误，接下来我们就可以有所行动。在讨论如何行动之前，我们先讨论一下数据思维。

分析正误的基础：数据思维

就像前文提到的，数据分析师经常被误解为“拉报表的”或者“跑数的”，做苦力让我们拿到数据统计结果而已，这种误解就类似外界以为产品经理的核心技能是画原型和写文档一样——它们都只是工具，如同作家的笔和纸，是呈现作家价值的方式，而不是价值本身。

真正的数据分析师像我在滴滴出行的同事、数据分析界的前辈宋世君老师，他关注的当然不是建立一个庞大的数据统计团队。他对业务的认知深度，以及用数据来辅助产品的业务能力，比大多数产品经理都要专业。作为脸书出身的数据科学总监，他总结过自己的“数据分析十条”：

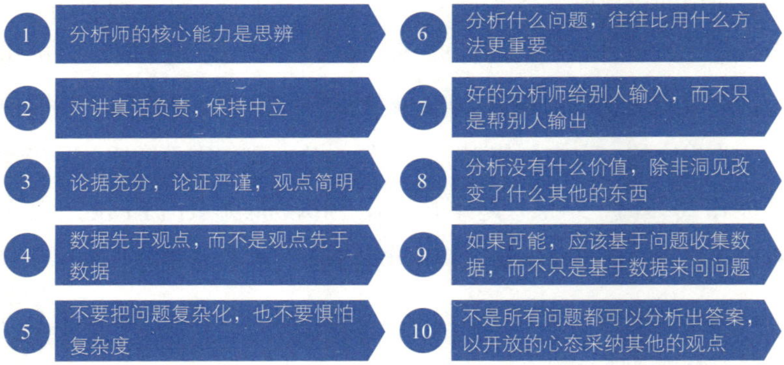

从这十个法则里，1、6、7、8、9、10 都是在表述“数据分析产生的价值应当是洞察”这个道理。分析师应当通过数据发现问题，这其实是最低的门槛，而不是大家想象中的“我懂得分析数据”就能成为分析师。如果能够在发现问题的基础上给出更多的洞见，那才能够成为更高级的分析师，比如前文提到的，知其然，且知其所以然。

数据分析天然会给人客观、中立的感觉，让人在严谨性上有所松懈，忘记了本身做分析的其实是非理性的人，这样就很容易出各种问题，做出许多主观臆测。例如，下图就是网上流传的一个小段子，用不均匀的坐标轴刻意让观看者产生错误认知。

除了刻意行为，常见的数据分析方面的认知偏误也有许多，它们会暗地里影响数据决策的准确性，有些也会影响用户调研结果的准确性。

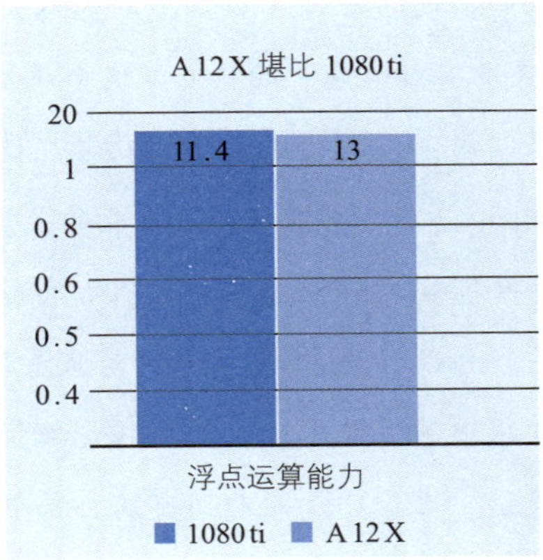

- 样本选择偏误（sample selection bias/self selection）指的是抽样的方法并不严格随机，比如我们取样时只看苹果的用户情况，显然是无法代表大多数用户的；又或者，我们上线了新的功能，只关注使用新功能的用户的反馈，没有关注不使用新功能用户的反馈，这都是取样偏颇。因此在大规模的用户基础上，也经常采取分层抽样的方法，即按照主要属性区分抽样，比如新用户 / 老用户、男 / 女、活跃用户 / 沉默用户，等等。
- 选择性偏误（selection bias）指的是因样本选择的非随机性而导致得到的结论存在偏差，与样本选择偏误类似，但更加隐

晦且难以被发现。比如看我做的产品经理公众号“刘言飞语”是否能帮到新人产品经理，于是统计了公众号的粉丝和非公众号的新人产品经理之间的差异，发现前者的确有更好的工作机会和收入情况。这就意味着“刘言飞语”真的帮了大家吗？其实未必，因为关注了公众号的新人产品经理本来就有“更积极地获取有效信息”的特点，这个属性决定了他们会有更好的结果，而不是因为关注了公众号。选择性偏误是内生性（endogeneity）的一种特殊情况，指的是结果会受选择或者数据获取过程影响。

- 幸存者偏误（survivorship bias）指的是只看到了筛选的结果而无视筛选过程中的关键因素。这应该是数据方面最知名的一个认知偏误了。比如，我们看到有的公司创业成功了，自称是某个决定性的策略（考虑了某个产品的形态或者运营活动）左右了公司的生死，于是大家往往信以为真，认为只要这类策略做得足够好，自己也可以成功。实际上，执行了同样策略的公司，可能不只这一家，我们之所以没听说过，是因为它们都很快退出了市场，成为历史。只观察幸存者的行为和听信幸存者的理论，很难找出他们取得成果的关键因素，这也是选择性偏误的另一种表现。有本书叫作《成功与运气》，讲的就是许多人的成功因素中，个人影响是一方面，更多其实还是运气，只是成功者从个人视角看，不可能将自己的成功归为运气，于是就有了许多成功学方法论。

- 基本归因错误（fundamental attribution error）指的是考察某些行为或后果的原因时高估个人因素，低估场景和环境影响的双重倾向。幸存者偏误也与基本归因错误有关，是我们在观察一件事的结果时，更倾向于相信人对结果的影响，而忽视环境的作用。比如，我们做一个司机使用的接单工具，发现司机的点击情况很奇怪，跟乘客的使用习惯相比，他们经常点错误触，取消返回，这是不是代表司机群体比乘客群体平均年龄大，受教育程度低，因此使用手机的能力差？当然不是，考虑到具体场景，是司机在车内环境下使用手机，手机可能是在支架上，使用难度变大导致的。
- 回归谬误（regression fallacy）指的是没有考虑随机起落的正常波动现象，造成不准确的因果推论。生活中最常见的就是许多药物的药效，大多治标不治本，而我们吃药后病情好转会认为是药效好，其实大都是自愈（比如感冒）。在做用户数据分析时，也经常可能遇到以下情况：我们做了一些事情 A，结果用户似乎有了变化，做出了反应 B，于是我们推导出 A 一定会导致 B。其实未必，还是要洞察是否存在随机现象，是否存在外界影响等。
- 社会期望偏误（social desirability bias）是在做用户调研时经常遇到的：相较于真实的答案，被调查者更有可能选择符合社会期望的答案。最典型的例子是在一个社会文化过于传统的环境中，同性恋极少会公开自己的性取向。有的公开调查里，喜欢性玩具的大都是男性，是因为女性在并不太开放的文化氛围中一般难以启齿。我们在做日常的调研时，很可能会遇到用户认为某些真实答案会显得自己“自私”“不合群”“过分夸张”等，于是就选择一个更符合社会普遍预期的答案。所以，一定要谨慎选择调研方法，打消被调查者的疑虑，尽可能地发现这些偏误。

• 受试者期望效应（subject-expectancy effect）是指用户会有自己的目的性和预期，所以不选择更真实的答案，社会期望偏误是其中的一种。还有的情况，可能涉及利益关系，比如我们做了一个商品，询问用户在涨价20%的情况下是否还会购买，虽然用户内心清楚涨价20%还是会买，但考虑到不希望涨价，就会表示不会购买，这样得到的结论就是错误的。

还有关于统计误用的更多信息，可以参考 https://zh.wikipedia.org/wiki/%E7%B5%B1%E8%A8%88%E8%AA%A4%E7%94%A8。这只是统计学里和认知心理学里对数据分析认知偏误的沧海一粟，不过已经能够覆盖多数数据分析新人会犯的错误了。统计学，尤其概率的一些初步知识，对我们做迭代流程中的判断来说极为重要，这个学科已经非常成熟，有海量的知识可以自行获取。

“数据分析十条”里的2、3、4，描述的是科学精神，我们接下来要讲的就是实事求是的道理。

坚持对的，放弃错的

几年前的某天，我非常不满地发了一条朋友圈信息："有的人做实验，效果好就优化，效果差就弃用；有的人做实验，是想尽办法证明自己的实验效果好，然后优化。"这源于当时某个同事的行事作风让我很气愤，在他每年做的一二十个策略里，没有哪个是不成功的，全部有效果，没有效果的，也要找出数据来证明有效果。在他的眼中，数据是他用来证明自己的工具，而不是判断真伪的工具。

在迭代过程中，"坚持对的，放弃错的"是最容易理解，也看似最容易执行的一项工作。可惜，比较容易执行的是前半部分"坚持对的"，而不是后半部分"放弃错的"。只是因为，我们每个人——不仅仅是我那个急功近利的同事——都要面临人性的弱点：我辛苦耕耘之后，还要跟别人承认我的方案不行？更难的是，假如这个方案的来源是老板和不熟悉的人，要说服他们认可你的结论，也要做许多工作。

常见的一种麻烦的情况是，当你否认对方或者自我否认时，大家都会想到一个点：应该不会是我的逻辑推断有问题，可能就是方案没有做好，再优化一下试试？于是就会陷入无穷无尽的优化，几乎所有的坏策略都会进入这种恶性循环，那些没办法给用户带来太大价值的功能和服务，也越堆越多，最后终于不堪重负，在问题暴露之后再着手解决。

因此我们知道，做到“放弃错的”并非是单纯的能力和方法问题，而是心态问题。确保我们在迭代中真的能够“放弃错的”，有以下几件事可以做。

第一，确保在预期时，就设置清晰的退出机制。退出机制对于迭代来说极其重要，更重要的是，在做任何实验前都达成共识：一旦没有达到预期，就暂停这个方向的尝试。

第二，塑造无压力的试错环境。错误带来的压力过大是影响我们心态的更本质原因，假如环境强压下，每个人都不怎么允许犯错，结果就是每个人拼尽全力在避免别人认为自己在犯错，于是就会拼命用数据证明自己，这就陷入了恶性循环。要提供给产品决策者足够大的试错空间，才能够让迭代往健康的方向发展。

第三，由第三方来做中立的判断。若没有强大的自我批判和反思能力，初阶的产品经理和产品设计师，以及其他的产品决策者，就很难做客观中立的判断，这时候就需要相对客观中立的第三方来做中立的判断，这个角色通常是数据分析师。

我和老张的讨论

老　张：我一直对 MVP 这个概念有些疑虑。假如我们把用户体验或者用户价值当成是线性增长的，多做一些用户感知就好一些，那到底做到哪个程度会过了可用性的门槛呢？要我做的话，很可能也是做得足够好才敢拿出去。

刘　飞：MVP 这个理念本身没错，它是用来说明迭代思维的核心精神的，不要等一切都完美无缺了再让用户用，许多不确定的因素需要市场检验。这个精神能够帮助大多数常常异想天开又理想主义的产品决策者，他们会孤注一掷地把宝押在拼了很久才做出来的产品上，一旦遇到挫折就没有风险承受能力了。

你说用户体验是线性增长的，这个我不太认同。许多体验的确是与功能完整度成正比的，不过增长往往是曲线型的，体验越好，增长的幅度就越小。我们需要寻找的，就是幅度开始迅速下滑的那个点，能够最低性价比地满足用户体验。

你说的疑虑当然是普遍存在的问题，毕竟这个曲线不是真实存在的，它要依靠产品决策者出色的抽象能力来确定，需要很多经验，也需要对用户的清晰认知，不是初学者随随便便就能掌握的。因此我们见到的许多产品的第一个版本，或者过于臃肿，或者过于简单，以致不可用，这都是经验不足的结果。

老　张：那么，MVP 适用于所有可以迭代的产品吗？

刘　飞：有一种情况就不适用 MVP，即产品特别依赖体验完整性。例如，硬件产品，像智能手机，就是一个对体验完整性要求很高的产品。哪怕我们看到手机每年都在迭代，但我们知道，第一代 iPhone 要不是有那么高水平的整体体验的话，智能手机的发展速度不会像今天这么快。就像我们开餐馆，想检验用户对辣的接受程度，压根儿不考虑色香味是不是够好，不考虑服务是不是周到，那用户也压根儿不会来尝试。哪怕我们认为用户的核心价值只是来吃辣。

小作业

（试着阅读下列文字，回答问题）

2015 年 12 月，百度首席执行官李彦宏在某公司的成立仪式上谈起了百度大数据对保险行业、健康行业的影响。李彦宏说，做足疗是否真的对健康有帮助，这个问题可以用大数据来解决。百度每天有 110 亿次的定位请求，可以算出那些经常去足疗店的人是不是更少去医院。“事实上，大数据得出的结论和我想象的差不多，喜欢去低端足疗店的人是最健康的。如果你常去足疗店可以让你少去医院，那么是不是你的健康保险也更少一点？”

——《第一财经日报》

这个推论存在哪条数据分析上的认知偏误？真相更有可能是怎样的？

第十一章　借鉴科学思维，建立深度认知和决策

为什么要有科学思维

如果对前文关于如何发掘用户价值，如何做客观中立的数据分析，如何做好健康的迭代有深度思考，可能就会发现，它们的方法论支撑，实则就是社会科学的理论。一个产品决策者研究用户、产品、行业，与经济学家、心理学家、社会学家研究人和社会，是一脉相承的，而负责大规模用户的产品负责人和业务负责人，就是在这个巨大的试验场上做实验的社会科学家：他们有自洽的方法论体系，以及快速学习这些用户和这个行业的能力。

对于一个优秀的企业家来说，首先应该是出色的用户专家和产品专家。成为这种级别的用户专家和产品专家需要什么？是满足需求的准确度甚至写文档的能力吗？当然不是。那会是一些既有的方法论，比如像自然科学那样的知识体系。学会了就能成为一个好的

用户专家和产品专家，继而成为好的企业家吗？也不是。

我接触一线公司老板的机会虽不多，但身边的老师和朋友和他们接触不少。大家都发现，这些公司的核心决策层往往对用户和产品的认知都很深入（哪怕他们不是产品或者运营出身，也没写过文档，对用户产品的认知也比我见过的绝大多数新人产品经理专业得多），而且会有自己的方法论，不是借鉴什么传统教科书里的理论。好的用户专家和产品专家，要能够洞察用户和产品，能够看到普通人看不到的背后的用户价值和他们的行为模式，看到如何搭建产品模型，怎样创造价值等。这需要深度认知和决策能力，而不是依靠使用工具和对既有方法论的熟悉程度。

优秀的决策者是有自己的学习路径的，在用户和产品领域，通常只有普适的“道”，而很难有放之四海而皆准的“术”。一个在外卖行业极其成功的产品手段，在出行行业未必成功；或者在北方成功，在南方就面临困难；又或者在大肆补贴阶段奏效，在稳定运营阶段就失效；等等。这就要求做用户和产品的认知与决策，是要自我迭代和成长的。

这种决策者的洞察能力和自我迭代成长的方式与学者研究某些社会课题是极类似的，因为他们都是在发掘一件事情背后的规律和原因，然后期望未来把它们运用到新的事情上去产生价值；同时，这些方法论会基于外部各种约束条件而变化，也存在各种偏误，需要适时调整和迭代。所以我们看到，经济学家、社会学家可以给政府提供政策建议，也可以参与一些公司的商业调查和战略。

那么，作为产品经理和产品决策者，我们可以借鉴社会科学领域的哪些有效的价值观和方法论呢？

尊重客观规律

不管是雷军所说的“顺势而为”，还是王兴说的“不是我们改变市场，是市场改变我们”，都是在强调要关注市场和用户的客观规律。尊重客观规律与实事求是是同样的道理，作为影响产品的决策者，我们很容易陷入自我意识决定事物的认知偏误：创业者会觉得只要足够拼命，上天或者用户总会被自己感动；产品经理觉得只要教育用户足够多，用户就会顺应自己的想法使用产品；运营者觉得哪怕有的运营方案没有起到应有的效果，还是不应该放弃，要继续想办法优化，一定要等到起作用的那天……

更客观中立地作为一个旁观者、一个学习者，去面对社会和用户群体，才是更合适的姿态。用户和他们的思考规律、行为规律，正如前文所讲，存在太多约束条件，不做客观冷静的分析，很可能出现大量的主观臆断。许多创业者也因此落入了自我预期过高的陷阱，明知道自己已经在错误的路上了，却总觉得第二天就会发生奇迹，用户会因为自己而改变。

研究社会、市场、人群这些社会课题的难度，的确会比研究自然科学要大得多，因为不存在很容易量化的实验室环境，证伪的难度也很大。我们自己在产品的试验田里尝试总结方法论，判断对错，又会受限于我们自己的批评思考能力和数据分析能力。这都会成为影响我们追求客观规律的门槛，需要我们想办法克服。

明察约束条件

科学研究通常会为了简化问题，将现实情况简化为模型化的描述。比如我们举过的例子，学习物理就会把物体假设成质点，这样更容易学习简单的公式和理论。但真实世界里可不存在没有大小只有质量的质点，我们按照这种简化模型做物理分析，火箭是上不了天的。社会科学也是如此，之所以现在不把参与经济市场的人都当作理性人，就是因为压根儿不存在纯粹的理性人，每个人都有自己的人生经历和思考方式。

前文提到的基本归因错误和归因谬误讲的也是同样的道理，我们不能忽视一件事的结果是多种变量和因素导致的。人的行为在其中只是一个自变量，而不是全部自变量。所有的决策和判断都要考虑自己和自己的产品所处的约束条件，像本书几乎所有内容，都要考虑约束条件：用户画像，用户场景，用户心智，异常体验，供给逻辑，认知偏误等，都在影响最终产品的结果。我们平时在观察一个产品时，往往会简化分析，比如经常有分析文章称百度、阿里、腾讯的成功分别是哪个原因，甚至有人在总结排名靠前的互联网公司共同具备的特征，供大家参考。人在认知时会偏向相信更简单的解释，这种说法就会很有市场。

然而不管是大公司成功的逻辑，还是做产品的思维方式，包括用什么工具画原型，写文档，都不存在通用普适的标准方法。哪怕我这本书，也不是绝对正确的指导。我们在获取信息时，一定要明确洞察信息背后的约束条件、客观环境，不要盲信。

抽象有效方法论

要是只能单纯研究一些课题，无法总结出自己的产品方法论，无法在未来解决问题以及避免问题，那用科学精神研究用户和产品的价值就会大打折扣。

因此，在我们心中，仍然需要一个相对成体系的方法论模型，而且在我们做产品的过程中，它就像一个产品一样不断迭代进化，逐渐离真相更近。

本书就是我在用户和产品思考方面的方法论模型，我花了多年时间陆续把脉络理得更加清楚，把许多感觉有误的问题做了修正，把许多单薄的思考做了丰富，最终呈现出来相对完整的一套体系。在这个过程中，每个我经手的需求都变成了佐证和一次小迭代的机会，比如我在做司机端产品的体验中，就发现许多在过去做纯粹 C 端体验难以发现的复杂场景，它们让我对用户价值和用户体验的认知更加深入；比如我犯过许多数据分析上的错误，于是我学习了统计学的常见认知偏误，它们成为我的迭代思维的补充。

值得注意的是，自己的方法论模型还是要经过实践验证。社会学科原本就存在太多的约束条件，不具备物理、化学那样的纯粹实验室环境，再加上互联网的用户和产品都是比较新鲜的研究对象，过去的许多理论难以适用，而更体系化、更专业的理论尚未出现，大家都在探索的过程中。因此作为现阶段的产品经理、产品设计师以及其他的决策者，还是要在真实的实践环境中，针对自己的用户、自己的行业、自己的产品，做自己的分析，这样更有价值。

具备批判思维和可证伪精神

要有自己的方法论，有一个最重要的基础，就是具备批判思维，否则自己一旦初步确立下的方法论大厦，不容任何人包括自己修补改动，就完全没有价值了。这样的方法论大厦，通常只存在于宗教经典里。

批判思维能帮助我们更好地做迭代，实际上是迭代思维的基础。没有批判思维，就绝不可能做好迭代，因为不否认自己，不进化自己的结果就是：好的坚持，坏的也坚持。

与批评思维相对应的，则是可证伪精神。科学的最伟大之处，也是判断科学与伪科学的标准，就是可证伪性。任何科学理论原则上其实都只是假设，每条科学理论被总结出后，就等待着被证伪。这种精神也是我们作为产品决策者必须具备的：我们的每个产品决策、对用户的认知判断，都应该是可被证伪的。

有了可证伪精神，我们既可以更清楚客观地认知自己的决策和判断，也能更清楚地认知他人做出的决策和判断。没有人的产品决策和判断是永远正确的：也许在当下正确，未必在未来正确；也许在他的约束条件下正确，未必在你的约束条件下正确。

我和老张的讨论

老　张：互联网的发展这么快，过去的很多理论都很快被淘汰了，比如你自己也说，传统的用户体验的定义已经不适用现在的产品了，那持续总结方法论还有意义吗？

刘　飞：当然有。我们完全可以把方法论本身看作一种产品，协助我们解决工作中的问题。这个产品的各种约束条件会频繁变化，于是我们要根据外部环境和实际情况做调整，但产品中的核心价值通常不会发生太多变化。例如，《用户体验要素》是针对互联网时代的产品设计理论，许多解释可能过时了，但知名的五要素思维方式依然是深刻的，影响着我们认知产品设计的层次；《点石成金》里的网页设计理论我们也用不上了，但关于如何做好可用性、易用性的核心思想依然十分有效。

老　张：那么对于产品经理或者做产品的其他角色来说，要掌握科学思维最好的方法是什么呢？

刘　飞：就是去了解学习社会科学里经典的理论，可以拿严谨的教材和通俗的畅销书来配合阅读，熟悉了社会科学家研究人、经济、社会、心理的方法后，也就能掌握且很容易超越本书大部分关于认知用户和价值的理解。

小作业

（试着阅读下列文字，回答问题）

产品经理没有对应的学科，如果不考虑天赋因素，一定要找，感觉经济学、心理学专业更合适一些。

——俞军　职人社《深度对话俞军》

为什么说经济学和心理学专业的学生更适合做产品经理？除此之外，还有哪些专业的学生更接近产品经理的工作？

后　记

产品思维源于实践，因此作为自然人的我，是不可能独自体验和经历太多产品，从而有如此多的思考的。就如同每一个科学家、学者，都要站在别人的肩膀上创造自己的价值。我的这些沉淀也都基于在产品价值这条路上探索求变的许多团队的经验，基于无数前辈和从业者的总结思考。

回顾过去的产品经历，有太多的人需要感谢。这本书的出版，离不开他们直接或间接的帮助。

感谢锤子科技给我的第一份工作经历，感谢老罗，感谢产品部的刘炯、朱萧木、耿达维、李毅、邱枫等几位契合度极高的同事，让我能够进入产品经理的大门，收获第一桶金。感谢 Smartisan OS 带给我的第一次成长。

感谢嘟嘟美甲给我的第一份创业经历，感谢彪哥，感谢共同奋斗的小伙伴们：小胖、老戴、琦琦、仲老师、东子。感谢这个创业项目能让我在摸爬滚打中，第一次有了从业务视角思考问题的意识。

感谢点我达给我的第一份管理者经历，感谢赵总、Tom 对我的信任。在点我达的实践，让我得以梳理自己最初的产品方法论，并出版了第一本书。

感谢滴滴出行给我的第一份大公司经历，感谢俞军老师、Anya 对我的认可和期待。感谢美辰、远健、朱坤、肖勇、信杰、思铭、俊宇几位兄弟姐妹的支持和帮助。在滴滴的经历和思考，让我对用户和产品的认知理解更加深刻，从更高的维度有了新的迭代。

感谢父母对我做互联网产品，以及在创业方面的理解。在身边的亲友普遍认为“还是体制内稳定”的压力下，他们还能毫无条件地全力支持我，很不容易。

感谢马力、快刀青衣、邱岳、黄海均、布棉、黄有璨等业内知名的前辈、专家、老师在我写作中的帮助、支持、建议和反馈。

过去的我毕竟还年轻，意识不到经历过的这些机会多么难得。如今市场需求锐减，移动互联网的泡沫破裂，那些小的创业公司，没有用户的产品，在资本推动下过度膨胀的业务……都消失在历史的尘埃中。当年涌进市场的不少产品经理没有得到很好的实践机会，面临不得不转行的结局。

如果你还在产品岗位上，无论当前遇到多少困难，都要珍惜现在的团队，把握手中的每个机会，认识更多的牛人，学习更多的知识，积累更多的经验。最终哪怕产品经理这个岗位在大趋势下不再热门，只要有竞争力，任尔东南西北风，你自岿然不动。